WEST POINT

　　商场如战场。也许军人出身的企业家，是天生的商人，具有奉献精神、冒险精神、团队精神、探索精神、服从精神，这些都是成功企业迫切需要的特质。一个成功的企业需要一个卓越的团队，西点的法则揭示了造就职场精英的铁律。

西点军校
的商道法则
——造就职场精英的铁律

苏建军◎编著

学林出版社

图书在版编目(CIP)数据

西点军校的商道法则 / 苏建军编著. —上海：学林出版社,2012.3

ISBN 978 - 7 - 5486 - 0286 - 6

Ⅰ.①西… Ⅱ.①苏… Ⅲ.①企业管理－通俗读物 Ⅳ.①F270 - 49

中国版本图书馆 CIP 数据核字(2012)第 013570 号

西点军校的商道法则
——造就职场精英的铁律

作　　者—— 苏建军

责任编辑—— 吴耀根

封面设计—— 周剑峰

出　　版—— 上海世纪出版股份有限公司　　学林出版社
　　　　　　地址：上海钦州南路81号　　　电话/传真:64515005

发　　行—— 中国图书进出口上海公司
　　　　　　地址：上海市广中路88号　　　电话:36357888

排　　版—— 南京展望文化发展有限公司

字　　数—— 23万

书　　号—— ISBN 978 - 7 - 5486 - 0286 - 6/G・74

前言

美国一位著名学者说："如果要问全球最成功的商学院在哪儿？不是鼎鼎大名的'沃顿'、'哈佛'或'斯坦福'。而是——美国西点军校。"

在美国商界，活跃着这样一类人：他们取得了骄人的业绩，但他们并未在商学院接受正规的商业教育，令人惊异的是，他们都毕业于西点军校。

一提到西点军校，很多人都会想到艾森豪威尔、巴顿、麦克阿瑟这些名将。事实上，西点不仅仅是将军的摇篮，也是不折不扣的商业大亨摇篮，从西点走出的商业大亨超过了其他任何一所商学院。

根据美国商业年鉴统计，二战以来，在世界 500 强企业中，西点军校出身的董事长有 1 000 多名、副董事长有 2 000 多名、总裁和副总裁高达 5 000 多名。

比如，军火大王亨利·杜邦、曾经把西尔斯拓展为全美最大零售商的罗伯特·伍德、宝洁 CEO 麦克唐纳德、可口可乐总裁罗伯特·伍德鲁夫、国际银行主席奥姆斯特德、美国东方航空总裁法兰克·波曼、国际电话电报总裁瑞德·阿拉思科、频率电器董事长约瑟夫·富兰克林、美国在线 CEO 詹姆斯·金姆斯、坦尼科汽车 CEO 达纳·米德、康巴斯集团的总裁约翰·克利斯劳、英特尔中国区总裁简·瑞杰等企业巨星都出身西点。

究其原因,军人在军事化管理下形成了很多可贵品质,比如使命感、荣誉感、责任感,又如敬业、专业、精业等。

西点军校能产生如此众多的商业精英,要归功于领导力、执行力和人格魅力这三大秘诀。在西点人看来,领导力的关键并不是让其他人简单地服从命令,而在于引导、激励部下,让他们跟你的思维、理念同步,跟随你为事业一起奋斗。

执行力则意味着立即行动,没有任何借口。在西点,士兵在回答命令的时候,只能有 4 种答案:"是,长官";"不,长官";"不知道,长官";"没有借口,长官"。

人格魅力则是指人的美德,比如诚实。西点军校的荣誉信条是:"决不欺骗和偷盗,也决不容忍任何人的这种行为。"

职责、荣誉、国家,这是西点军校校训,三个词随处可见:衣服、旗帜、纪念品、文具……甚至在纸巾上也能看到。西点军校凭借着独特的人文氛围,浓厚的历史底蕴及"培养领导者"的核心育人观念,培养出了无数不逊于任何世界顶级商校的企业领导者。

"钢铁只有在温度最高的火焰中才能炼成"。西点军校造就了具有钢铁意志的西点人。他们不只在军事战争中所向披靡,在建筑、航空、设计等领域也是战无不胜。西点校长戏言:"随便给我找个人,只要不是精神分裂症,我就可以把他培养成一流、优秀的领导者。"

无论是多么懦弱、懒散的人,只要能从西点军校走出来,就会变得坚强、勇敢、勤于奋斗,而且具有良好的团队精神、强大的自信心、卓越的领导力。

商场如战场。也许军人出身的企业家，是天生的商人，具有奉献精神、冒险精神、团队精神、探索精神、服从精神，这些都是成功企业迫切需要的特质。

军队与优秀企业在"战略目标"制定、实施过程中的"战略战术"形神兼备。服从命令是军人的天职，执行战略目标是专业人员的本能。两军相争，胜者为王，在市场角逐中也一样，不进则退，不能赢得市场就会被淘汰掉。

在当被问道"在培养商业精英方面谁做得最好"时，著名管理大师彼得·德鲁克和杰克·韦尔奇的回答都不是哈佛商学院，而是西点军校。

被称为全球第一CEO的杰克·韦尔奇非常迷恋像西点军校这样军队文化。在其自传中提到他参加了沃尔玛的周五例会后的振奋心情，因为这个风格独特的例会给了他很大启迪。韦尔奇说："一看到这种做法，我们的管理人员就立刻喜欢上了。他们把这种理念移植过来，将其融入到GE的文化中。"这里要指出的是，沃尔玛的周五例会实际上是军队动员会的一个模仿品。

韦尔奇钟情于沃尔玛的军队型的执行文化，并且立刻将这种文化引进通用电气。他说："1995年，运输公司的CE·鲍勃·纳代利给我们讲述了一个获取人才的新途径。运输公司的总部在宾夕法尼亚州的伊利城，为了吸引最优秀的员工，他们进行了多年的努力。鲍勃说他发现了一个取之不尽、用之不竭的人才源泉，这就是美国庞大的初级军官群体。这些人绝大多数都是美国军事学院的毕业生，已经在军队里度过了四到五年的时间。他们工作努力，聪明机敏，而且感情浓烈。他们都有领导经验,并且有极强的适应能力,因为他们曾经在世界上最为艰苦的地方服过兵役。"

全球金融大鳄乔治·索罗斯也曾说过:"我由衷地感谢当年父亲花了 50 万美金,让我在西点军校体验了 6 个月的魔鬼训练,我在西点完成了脱胎换骨!"

万科董事长王石更是如此说道:"我在西点只待了两个小时,但一下子就把我两年来思考的问题解决了!从 2003 年开始,万科在经营管理方面追求的目标就是西点模式。所谓西点模式,简单来说就是斯巴达(严格治理军队)＋雅典(艺术、灵活),严格纪律下的艺术。万科一直强调企业文化、人文情怀,但缺少像斯巴达那样的东西。"

美国西点军校造就了很多商业大亨,这与他们雷厉风行的作风培养有关,很值得中国企业借鉴。

CONTENTS

目　　录

第一章　责任第一

"责任第一"是现代公司不可或缺的理念。责任是一种使命,责任体现忠诚。敬业是责任的延伸和升华。清楚自己的责任,才能更好地肩负起自己的责任;强烈的责任感不仅能唤醒一个人的良知,而且能激发一个人的潜能。承担责任才能让自己的能力展现最大价值,责任是跟业绩成正比例的关系。

第二章　珍惜荣誉

人生需要荣誉。荣誉是人性中最灿烂的一面,它是正直、忠诚、信心、崇高

的基础。有荣誉心的人,也是品德高尚的人。企业也是这样,只有受到消费者尊重和追崇具有荣誉的企业才能基业常青。荣誉感是企业的灵魂,如果一个企业的所有员工都能自觉维护公司的声誉,甚至为自己的公司感到自豪,这个公司必然会充满活力,能够在激烈的竞争中立于不败之地。

第三章 自 我 约 束

领导者应以最高标准来要求自己。并且要自我约束,做到自律、谦卑,绝不忽视每一个细节,否则,企业就会因制度的缺失、管理的不到位或执行不彻底而失去战斗力、竞争力。没有高标准、高要求就没有高动力。企业领导坚持最高标准要求自己,就会成为卓越的领导人;企业只有不断地坚持最高标准,才能成为伟大的公司。

第四章 完 善 自 我

企业领导可以把严酷的训练看作是更加完善自我的一种方法。一个人能否领导、领导的好坏取决于他的领导技能和素质。优秀的领导者都是通过不断地积累经验和自身素质培养才得以出类拔萃的。要学会用梦想激励自己,用目标驱动人生。不断地超越自我,今天的成功可能是明天的绊脚石。每一个人都可以做得更好，关键是你有没有自我超越的思想，有没有激发出个人或者团队无限的潜能，并敢于挑战自己的极限。

第五章 允许犯错

企业领导人不必害怕失败，敢于创新和冒险。面对不可预测的将来，唯一的对策是：应当接受"失败则是企业发展过程中的一部分"这个前提。很多人成不了企业家的原因之一是他们害怕失败，害怕犯错误。如果没有经历这些失败，更谈不上成功。错误是无价之宝。认真研究它们，汲取教训并从中受益。犯错误变得更加聪明是企业领导者的工作，而不犯错误就是员工的职责。

第六章 必胜信心

自信可以排除各种障碍、克服种种困难，可以使事业取得完满的成功。自信即是坚定的、不可动摇的信心，它来自企业领导对自己能力、智力的正确估计。在商战中，自信表现为一种必胜的信心。一个企业领导如果没有必胜的信心，它就不是一个合格的领导者。通常，自信将受到意志力的考验。一个企业领导不可缺少的品质是坚强的意志。凡有成就的企业家大都具有坚定的信念、坚强的意志，他们果断、坚定，不怕失败，能做出不懈的努力。

第七章　尊　重　别　人

尊重应该成为企业管理的第一宗旨。企业领导者必须友爱员工,尊重员工的人格尊严;通过向他们灌输工作中的主人翁精神,尽最大努力帮助员工实现梦想和完成个人的职责。成功领导者是能够包容异己的。领导者还应该营造良好的氛围,使得企业员工都能活得有尊严,受到尊重。员工只有感觉到自己被尊重,才会竭尽全力地为企业贡献自己的聪明才智。要创造一个有益于创造性思维和自主行为的工作环境——互信、理解和尊重个人。

第八章　卓　越　领　导

卓越从来不是一蹴而就的,任何卓越的企业领导者均是从一点一滴地做起的,都是在用心地做着每一件事。只有经过许多年的实践积累与不断地挑战,才有可能取得今天的成功。卓越的领导必须具有自我更新能力,注重团队精神,善于鼓舞士气,重视人才的培养。

第九章　立　即　行　动

立即行动是成功之母。作为一个企业,再伟大的目标与构想,再完美的操作方案,如果不能马上行动,最终也只能是纸上谈兵。"三分战略,七分执行",

执行力就是竞争力。执行力如何,很大程度上体现在执行是否到位与是否最终达到目的上。

第十章　忠　于　国　家

忠诚是一种美德,每个人都忠诚于自己的国家,这个国家才会强大,才会牢不可破;士兵能忠实于自己的军队,军队才会战无不胜;员工忠实于自己的企业,企业才会兴盛不衰。当公司利益与国家利益相违背时,你能毫不犹豫地选择国家利益吗? 在一个具有牺牲精神的领导者的影响下,他的团队和员工也必然会舍身忘我,能够为企业发展无私地奉献出自己的智慧。

第一章
责任第一

　　"责任第一"是现代公司不可或缺的理念。责任是一种使命,责任体现忠诚。敬业是责任的延伸和升华。清楚自己的责任,才能更好地肩负起自己的责任;强烈的责任感不仅能唤醒一个人的良知,而且能激发一个人的潜能。承担责任才能让自己的能力展现最大价值,责任是跟业绩成正比例的关系。

➢ 身先士卒,以身作则——军火大王亨利·杜邦

➢ 履行职责是出于发自内心的责任感——可口可乐创始人伍德鲁夫

➢ 恪尽职守比个人声望更重要——COMPASS 集团总裁约翰·克里斯劳

➢ 早点给人以责任,给他们机会——Greencastle Associates Consulting 资深合伙人马克·斯塔比尔

➢ 别纵容自己,别找借口——美国在线 CEO 詹姆斯·金姆塞

身先士卒，
以身作则

在西点军校学习期间，我深知以身作则最具说服力。领导人的魅力形成源于领导者身体力行的品格。领导力就是影响力，领导需要以身作则。

——西点毕业生、军火大王　亨利·杜邦

在责任和使命面前，是领导者身体力行。领导者的人格力量，在员工中的威望和影响力，是靠领导者在企业内外的交往言行中表现出来的。这需要领导者要有强烈的责任感和职业操守，要事事能作出表率，并有感召力。以身作则之所以重要，是因为领导他人所需要的权力和尊重，是领导者通过以身作则来赢得的。

军火大王亨利·杜邦说过："在西点军校学习期间，我深知以身作则最具说服力。领导人的魅力形成源于领导者身体力行的品格。领导力就是影响力，领导需要以身作则。"

"西点有一条理念是：身体力行。西点对领导力的培养极其重视领导人的榜样作用，强调卓越领导人应当身体力行，首先为员工做好表率作用。西点领导力教官曾对我讲，在西点，士兵和教官都必须严格约束自己的行为举止，尤其教官要为士兵树立一个好的榜样。"

"在西点我注意到校长的住宅位于学校广场边，每天每刻都处于士兵的视野中，榜样的力量是无穷的，校长以身作则履行学校的准则，影响着士兵不断上进，让西点主张责任、荣誉、国家的校训内化成士兵学习、训练的动力。西点的体能训练是非常残酷的，可他们在训练进行中不是教官在一边督促，而是一种自觉行为，一起训练，这就要求长官维持自身较好的能力和体力。"

亨利·杜邦认为，**世界上最优秀的军队军官都是冲在最前面，而常吃败仗军队的军官总是自己躲在后面最安全的地方用手段去要求士兵去做这做那。作为优秀的军队军官，必须以身示范，激励士气。**

同样地，一个企业优秀领导者，就是要用实际行动给员工树立一面镜子。如果企业领导要更好地贯彻企业的核心价值观，就必须以身作则，作出良好的示范的作用，成为企业核心价值观的第一实践者。

亨利·杜邦是杜邦公司第三代掌门人。在亨利·杜邦只有11岁时，他的父亲伊雷内·杜邦将他送入西点军校里接受军事化的训练和教育，直到成年。1850年，亨利·杜邦从哥哥艾尔弗雷德手中继承了公司的领导权。与书生气浓厚的兄长相比，亨利的作风明显强硬许多，对于生意的兴趣似乎也浓厚许多，以至于一上任，就有了"亨利老板"的封号。在杜邦公司的发展过程，亨利具有重要的影响力，甚至超过了他的父亲——杜邦创始人伊雷内。19世纪40年代的美墨战争、19世纪50年代的克里米亚战争以及19世纪60年代的美国内战都为杜邦公司提供了巨大的军火工业发展机会。他主管杜邦公司近40年，到内战结束时，杜邦公司已经发展为执美国火药牛耳的一家大公司了。

亨利·杜邦采用了类似西点军校的做法。其口号是"身体力行最具说服力"。他事必躬亲，亲力亲为。亨利·杜邦经常亲自去督导分布在全国各地的销售网络，以及数百家经销商。当时的杜邦公司并不是现在美国最大的化工公司，它只是经营单一的火药产品，年销售额为2千万左右美元的中小企业。可是在这个行业里大大领先于对手。这与亨利·杜邦亲力亲为、身体力行的作风有关。

如果领导者欲有效激励员工，增强公司的凝聚力以及提升公司的核心能力，最有效途径就是领导者以身作则。"身教"往往比"言传"更为有效。

　　杜邦公司是以制造火药发家的,它是世界第一制定出安全条例的企业。人人都懂得,生产火药的企业每时每刻都存在爆炸的危险。杜邦公司的创始人伊雷内·杜邦深知安全的重要,尽管处处小心,仍然在第一家工厂经营近10年左右的时候,发生了一次爆炸。那次事故不但使伊雷内·杜邦破了财,还使几个工人丢了性命。这件事让伊雷内·杜邦深感震惊,痛定思痛,他给自己下了一条死命令,决不能让这种事故再次重演,他下定决心要让杜邦公司成为最安全的地方。他决定在新建厂房的时候直接把自己的家就建在工厂火药仓库旁边,后面是一条小河与外界相隔。如果发生爆炸,第一个炸死的就是伊雷内·杜邦和他的家人。因有小河的阻隔,可以大大地减少外面人的伤亡。杜邦公司创始人这种"破釜沉舟",将自己"置之死地而后生"的做法,充分体现了杜邦公司对员工和社会承担的责任和倾注的关怀,伊雷内·杜邦以身先士卒的行动倡导"责任关怀"的企业价值观,建设"以人为本、安全至上"的企业文化,养成了安全制度严格,员工自觉遵守,管理执行坚决的良好传统。伊雷内·杜邦视安全为企业生命,1811年,率先制订员工安全计划,成为世界上第一个制定出安全条例的企业,并倡导"遵守科学的安全制度,任何工业事故都是可以避免的"安全理念。1812年杜邦公司做出严格的规定:进入工厂生产区的马匹不得钉铁掌,甚至马蹄都要用棉布包起来,避免铁钉碰到硬物引起明火造成爆炸;任何一道新的工序、新的设施在没有经过杜邦家庭成员亲自试验以前,其他员工不得进行操作。虽然现在杜邦公司早已不生产火药了,然而安全管理更加细化,重视安全管理成为公司最重要的理念。1911年,杜邦公司组建了世界上第一个企业安全生产委员会,到现在还保存着公司的安全操作记录。1923年,杜邦公司设立了"无事故记录总统奖",逐步完善了把工伤、疾病和事故降为零的安全生产制度。1990年,杜邦公司又设立了"安全、健康与环境保护杰出奖",不仅面向公司内部,而且面向整个社会。如果获得这个奖项就可得到5 000美元奖励。

由此可见,企业制度和文化理念的推进实施,企业领导者的积极倡导和模范带头作用同样重要。领导者首先要行动起来,必须从自身做起。要求员工做到的自己首先做到,要求员工不做的自己坚决不做,自觉接受群众监督。

要树立卓越的企业文化,企业领导本身必须能忠于自己所鼓吹的价值观,并身体力行,始终如一地去贯彻、去执行。

企业领导者应当通过自身的倡导和示范作用,使下属积极支持和参与企业文化建设。这需要领导者要表现出诚信,以良好的形象表现自己,让员工效仿。

领导者只有严于律己,起好的表率作用,才能具备说服力,才能增强企业的凝聚力。说得通俗一点,那就是越是占据了重要岗位的领导就必须肩负更重大的责任来塑造和维持企业良好的风气或文化。

企业伦理的推行和落实,最佳法则就是让企业伦理的观念融入到企业的核心价值观中去,塑造出强势的企业文化,从而影响员工的行为和意识形态。而企业领导人起主导作用。

行为有时比语言更重要。在任何一个公司里,领导者的身体力行都将直接影响每个员工的行为。如果领导人对所有的人员说:"你们每天都要到房间来学习,快速的提升能力。"结果企业成员发现,领导人自己却没有参加学习,他们自然也不会照他说的去做。

如果自己做不到的绝不要求别人做到;如果要求别人做到的自己一定比他们做得更好;在要求员工遵守什么、做什么之前首先要求自己做个榜样给别人看。永远相信身教胜于言教、更胜于所有的奖罚措施。以身作则是一个企业领导人最起码要做到的!

因此作为一个优秀的领导人必须身先士卒,由此产生的巨大的榜样和凝聚作用,才能有效地激励和团结员工,共同实现企业目标。

身教是最具有说服力的,行动胜过千言万语。不过,在工作中领导应该注意以下几点:

（1）凡是要求员工做到的，领导自己要率先做到，并且做好。

（2）在公众场合，领导的言行要得体、庄重，才能维护企业形象，才能影响员工的行为。

（3）属于领导分内的工作，不要随意推给他人或拖延不做，从而影响整个团队的工作效率。

行动指南

领导人的身体力行、率先垂范或者说是先锋模范作用，是企业文化落地生根的坚强保证。如果企业主要领导倡导是一种价值观，而实际工作中却偏离或者违背这种价值观，那么企业文化就只能成为一纸空文，成为企业漂亮的招牌。

履行职责是出于发自
内心的责任感

履行职责不应当是为了得到奖赏或避免惩罚,而是出于发自内心的责任感。这是西点长期以来向学员实施的这种责任感的教育,为学员毕业后忠实地履行报效国家的职责和义务奠定了坚实的思想基础。

——西点毕业生、可口可乐创始人　伍德鲁夫

责任无处不在,责任伴随着一个人生命的始终。我们要对自己服务的企业负责任,对家庭负责任,对生命负责任,对社会负责任。勇于负责是一个人良好的品德,也是一个人取得成功的前提。

责任,从本质上来讲,是一种与生俱来的使命。人人都要追求它,只有通过它才能走向卓越,它自始至终伴随人的一生。

只有那些能勇于承担责任的人,才有资格被赋予更多的使命,才有可能获得更大的荣誉。一个不负责任的人或者一个缺乏责任感的人,不仅仅失去的是这个社会对自己的基本认同,而且失去的是别人对自己的信任和尊重,甚至失去了一个人的信誉和尊严。

任何人都肩负着各种各样的使命,这些使命会转化为具体的任务,只有你把它完成好了,能就有理由存在于这个社会或者这个组织中,这表明你负责任了。

西点毕业生、可口可乐创始人伍德鲁夫说:"履行职责不应当是为了得到奖赏或避免惩罚,而是出于发自内心的责任感。这是西点长期以来向学员实施的这种责任感的教育,为学员毕业后忠实地履行报效

国家的职责和义务奠定了坚实的思想基础。"

"在西点军校学员教堂的门厅里,镌刻着'责任、荣誉、国家'三个词,这是西点军校的校训。其中,责任是西点军校对其学员的最基本要求。它要求所有的学员从入校的那天起,都要以服务的精神自觉自愿地去做那些应该做的事,都有义务、有责任履行自己的职责。"

伍德鲁夫指出:"在商业世界,领导者尤其是 CEO 或董事会成员的职责是推动公司的发展,维护股东的利益。"

责任就是伍德鲁夫执著一生的理念,因为他在西点学到了责任,也因为他高举责任的理念大旗,最终使自己的商业帝国走向辉煌。

可口可乐虽然不是伍德鲁夫发明的,然而他的商业智慧让他被美国人尊称为"可口可乐之父"。1919 年,伍德鲁夫的父亲用了 2 500 万美元高价收购了面临财务危机的可口可乐汽水厂以及可口可乐专利权,并创建了可口可乐公司。在这过去 30 年间,可口可乐经历了许多的演变。

那时候可口可乐并不是一款风靡美国的饮料,老伍德鲁夫收购后,马上召回了已在怀特汽车公司任副总裁的儿子——35 岁的罗伯特·伍德鲁夫。

老伍德鲁夫认为,年轻时受过西点军事教育的儿子有着做一个成功商人的潜质。1923 年,伍德鲁夫接任了可口可乐公司总裁的位置。他入主可口可乐公司后,对员工说:"我的责任是,要让全世界的人都喝可口可乐!"

罗伯特·伍德鲁夫立即行动,组建了"国际市场开发部"。可是要想将这种略带药味的饮料推销到全球市场,使世界上饮食习惯和口味各不相同的人都能接受。其实,这并不是一件容易的事情。伍德鲁夫把握到了战争带来的机会。

1941 年,"珍珠港事件"发生后,美国加入了反法西斯大战。这时伍德鲁夫马上认识到:若前方的战士都能喝上可口可乐,这就成了海外市场的活广告。他制作了一本宣传小册子，里面着重强调：在紧张的战斗之余，必须尽可能调剂士兵们的生活。当一个士兵完成任务之后，精疲力竭，口干舌燥，喝上一瓶清凉爽口的可口可乐，这是多么快乐的事情！

于是，罗伯特·伍德鲁夫提出了海外经营战略的新思路：运用当地的人力和物力，去开拓可口可乐的市场。具体方法是：(1) 在当地开设新公司，所有员工和责任人都是当地人；(2) 由当地人自己筹集资金，总公司在原则上不投资金；(3) 除由总公司提供制作可口可乐的浓缩原汁之外，一切设备、材料、运输工具以及销售等，均由当地人自己办理；(4) 营销方针、生产技术、员工训练都是由总公司统一负责办理。后来，罗伯特·伍德鲁夫又加了两条：各新公司的广告宣传是由总公司统一制作；凡外国人开设公司生产可口可乐，都要缴纳一定的保证金。

因此，罗伯特·伍德鲁夫掌握了当时外国人对美国货狂热的崇拜心理后，在开拓海外市场过程中，不仅没有付出任何费用，反而获得了一笔相当可观的保证金。也就是说，他对经营战略的应用已经达到了出神入化的境界。

据统计，除了在美国本土的发展和收入外，可口可乐总公司单靠批发仅占饮料重量 0.31% 的原汁，每年的经营总额就高达 9 亿多美元，年均纯收入为 1.5 亿美元。可口可乐终于成为世界上销量第一的饮料。

在罗伯特·伍德鲁夫掌管公司的 60 多年中，可口可乐被行销到全世界各地，获得"世界软饮料之王"的称谓。可以说，罗伯特·伍德鲁夫"要让全世界的人都喝可口可乐"用尽全力，他负责了。

美国《福布斯》曾刊登了这样一条消息："罗伯特·伍德鲁夫为了经营可口可乐，献身可口可乐，终身没有结婚，也没有自己的孩子。"可见，伍德鲁夫有着高度的事业心和责任感。他"履行职责不应是为了获得奖赏或避免惩罚，而是出于发自内心的责任感"。他为可口可乐公司和股东的利益高度负责。

由此可见,责任感更是高尚人格的重要组成部分,是人的精神世界的核心内容。它是一种很好的工作习惯,是一种高尚的职业情操,是一种坚毅的品格,是一种执著的精神,是一种自觉的奉献。

强烈的"责任感",赋予人坚强的意志、激越的感情和永不枯竭的生活源泉。责任有多大,事业才有多大。**一个领导者应该有责任心,能担多大的责任,就能成就多大的事业。**

一个领导者如果有高度的事业心和责任感,就会积极主动地履行职责,就会用心做事,做正确的事,就会在做事中体现自己的价值,创造出良好的业绩。

人们对责任与业绩之间的关联持有着一种坚定的积极态度。无论你是一位管理者,还是一名普普通通的员工,只要勇于承担责任,立足岗位,你的管理将更加务实高效,你的服务将更加体贴周到,你的工作将更加专注细致,你的能力将充分得到发挥,你的潜能将不断得到挖掘,你的事业将不断向前发展,因而为公司创造巨大的效益。所以说,**责任与绩效成正比。**

工作意味着负责。负责是工作最基本的要求,**在这个世界上,没有不需要承担责任的工作,相反,你的职位越高,权力越大,你肩负的责任就越重。**德国著名的军事家克劳塞维茨在《战争论》中说道:军官的职位愈是高,就愈需要深思熟虑的智慧来指导胆量,使胆量具有内在的动力,在追求目标时不至于冒巨大的风险。随着现代科学技术大量运用于军事中,现代战争的复杂性在不断地增加,对指挥官的要求愈来愈高,军官是军队的领导者,他的勇敢不是单纯的个人行为,而是一个整体效应,是带有责任的勇敢。对于现代企业来说,也是这样的,领导者和管理者对企业兴衰承担不同的责任。从而要求他们既要审时度势、科学决策、精心运营,又要大胆管理。但决策、运营、管理必须是在认知管理者责任,对股东、对企业、对员工负责的前提下进行的。

韦尔奇在他的自传中写道:"从我向雷洁书面保证自己有资格担任 CEO 的那天起,我就将持续性的盈利增长,作为自己的经营目的。"一个领导者有四大责任,为公司创造利润,为社会谋求就业,为员工谋求福利,为消费者谋求品质。而最首要的责任就是:**创造利润。这个责任,是实现其他责任的前提和基础。**

一个卓越领导者,必须要对企业可持续发展负责。假如领导者不能实现使公司获利增长的责任,那么,对他来说无疑就是犯罪。唯有企业能盈利,才能存活下去,才能进行其他的商业活动。只有在这个前提下,企业才能确保员工有实现自身价值的机会,才能回报社会——给社会提供更好的产品和服务。

责任是一种使命,责任体现忠诚。敬业是责任的延伸和升华。清楚自己的责任,才能更好地肩负起自己的责任;强烈的责任感不仅能唤醒一个人的良知,而且能激发一个人的潜能。承担责任才能让自己的能力展现最大价值,责任是跟业绩成正比例的关系。

行 动 指 南

"责任第一"是现代企业不可或缺的理念之一。对于企业领导者而言,首先要担当起责任,而不是权力,要对企业的使命和价值观的结果承担责任。

恪尽职守比个人声望更重要

最重要的是,在关键的时候能够坚持原则。恪尽职守的精神比个人的声望更重要。世界上很需要这种人才,他们不管在任何情况下都能克服各种阻力完成任务。

——西点毕业生、COMPASS 集团总裁 约翰·克里斯劳

工作就意味着责任,是容不得推卸的,没有责任感的领导不是合格的领导。工作就意味着责任,责任意识会让我们表现更加卓越,承担自己的责任不仅要努力工作,而且也要对结果负责。

如果说智慧和勤奋像金子一样珍贵的话,那么还有一种东西比这两者更为珍贵,那就是责任感。责任感是一个人能立足于社会,获得事业成功和实现人生价值的一种最重要的人格品质。

职责是领导者应尽的责任与义务,它如同一种债务似的,是不能逃避的、也不可推卸。领导者要做到尽职尽责,就要明确自己的职责,并持有一颗永久的、强烈的责任心。

西点认为,没有责任感的官兵就是不合格的官兵。在企业中,没有责任感的管理者是不称职的管理者,没有责任感的员工不是好员工。无论在什么时候,责任感对自己、企业、国家、社会都不可或缺的。当我们将责任感根植于内心时,它就会成为我们脑海中最强烈的一种意识,在工作中,这种责任意识会使我们表现得更加优秀。

西点毕业生,COMPASS 集团总裁约翰·克里斯劳说:"最重要的是,在关键的时候能够坚持原则。恪尽职守的精神比个人的声望更重

要。世界上很需要这种人才,他们不管在任何情况下都能克服各种阻力完成任务。"

约翰·克里斯劳认为,**恪尽职守意味着知道自己的目的并怀着一种使命感做事情,意味着个人要服从集体或更大的整体,服从一个团队。**

约翰·克里斯劳还说:"恪尽职守是需要素质和能力,也需要勇气的。因为,在许多时候,恪尽职守就意味着付出。当然,恪尽职守也是光荣的。有时候还是悲壮的。他讲述曾经历过的故事:

在一次激烈的战斗中,一名海军陆战队军士和他的战友一起冲锋在枪林弹雨中。很不幸运的是,他的一只眼睛被敌人的子弹击中,战友把他从战场扶下来,可是他又迎着硝烟冲了上去。接着,他左边一条胳膊也被子弹打中了,他仍旧在向前冲;然后他又失去了半条右腿。这时他再不能向前冲了,但他依然爬着前进,一边还在端起枪射击;最后,一颗子弹击中了他的胸膛,他再也无法前进了。他向战友挥了挥手说:"你要为我骄傲,我完全履行了我的责任!"说完,他闭上了眼睛。

这位士兵最后的话,和很多士兵最后的话都不一样。它虽然没有表达对生命的留恋,也没有表达对死亡的恐惧,而是表达了心中的一种欣慰,更道出了海军陆战队的一个行为准则:恪尽职守的精神比个人的生命更重要。

责任和荣誉是军人职业操守的核心价值观。同样如此,它也适用于任何企业。它所传达出的精神、准则和理念,应当让企业员工牢记和遵守。

现为 COMPASS 集团总裁的约翰·克里斯劳把西点"责任至上"的理念融入到自己的管理当中去。COMPASS 集团是世界最大的食品服务公司,作为供餐服务领域的巨头,一直遵循着质量第一的原则,为客户提供高质量的餐饮服务。

约翰·克里斯劳要求每一个部门、每一个员工都要有自己明确的目标,同时,这些目标必须是"SMART"的,也就是:

● S 是 Specific 的缩写,它表示"特定的、范围明确的,而不是宽泛的"的意思;

● M 是 Measurable 的缩写,它表示"可以度量的,不是模糊的"的意思;

● A 是 Attainable 的缩写;它表示"可实现的,不是理想化的"的意思;

● R 是 Result-based 的缩写,它表示"基于结果而非行为或过程"的意思;

● T 是 Time-based 的缩写,它表示"有时间限制,而不是遥遥无期的"的意思。

约翰·克里斯劳要求部门和员工制定的目标必须是可分享的,即每个人都应当通过某种渠道,如公司的内部网站等把自己的目标公布。这样,当某位员工对领导或其他员工的工作方式不理解的时候,就可以去查看对方的工作目标,以寻求最好的沟通和理解。

除了针对目标和结果的负责,约翰·克里斯劳更需要在决策方面有负责的架构。COMPASS 集团的"决策制定框架"下,每一项重要决策都有一定的制定流程和人员角色划分。每一个流程的管理者自然而然地就是决策的责任人。对这个决策有认可权利的人是决策的审批人。对这个决策加以核查或反对意见的人是决策的复核人。在整个决策流程当中,复核人虽然能提出反对意见,但审批人仍然拥有决策的最终决定权。有了这样的架构,公司的决策流程就更加明晰,每个人责任更加明确,决策不会被轻易推翻和延缓,决策的效率就会大大地提高了。

约翰·克里斯劳认为,公司和领导者有了关注的目标之后,还要有足够的责任心,才能把事情做好。

恪尽职守比个人的名声更重要,这不仅把团队的利益看得比个人的利益更重,而且把自身融于到团队之中去,融于到岗位之中去。

很多企业领导者,往往对于担负责任怀有很大的恐惧感,因为担负责任会与接受惩罚相联系。有的人在出现问题时,首先将责任推给外界或别人,找各种的原因和借口为自己开脱。在很多最高管理者看来,这些都是不必要的借口,并不能掩盖已经出现的问题,也不会减轻要承担的任何责任。有很多领导,为了树立自己在上一级领导心中的威望或者保住自己的颜面,把自己的失误推给员工承担。这样做的后果是,自己的威望或颜面可能是暂时保住了,但日子一长,他失去的必将是员工长久的尊重和信任。

假如一个领导人不能忠于职守,他就难以使别人恪尽职守;倘若领导人没有责任心,他也便会在逆境中倒下去,在种种的诱惑面前迷失自己。唯有尽职尽责的领导人才能赢得团队成员的尊重。

因此,作为领导者,当出问题的时候首先要大胆地承认错误,并勇于承担责任,这样才能让下属放心工作。

实践表明,一个公司往往愿意接受一个能力一般但有责任心的人,而不愿意重用一个能力很强但没有责任心的人。即使一个人的能力再大,假如他缺乏负责心,他的能力也得不到发挥。

行 动 指 南

恪尽职守的精神比个人的声望更重要,当一个人将国家、集体的利益、荣誉看作就是自己的利益、荣誉时,责任感就是发自内心,无半点虚假之意;也只有这种人国家才可以委以重任,而企业也会将其作为精英骨干,寄托以未来业绩之创立,兴旺发达之促成。

早点给人以责任，给他们机会

这是一个基本理论。如果你早点给人以责任，给他们闯荡的机会，他们就会去闯荡。

——西点毕业生、Greencastle Associates Consulting

资深合伙人　马克·斯塔比尔

一个高效率的企业一定是由一群充满责任感的员工组成的。对于员工来说，要提升工作的业绩，必须增强自身的责任感；对于企业来说，**提高团队绩效的最好方法就是增强员工的责任感**。

西点毕业生、Greencastle Associates Consulting 资深合伙人马克·斯塔比尔说："这是一个基本理论。如果你早点给人以责任，给他们闯荡的机会，他们就会去闯荡。"

"在西点，士兵们是以宣誓效忠美国法律而开始他们在陆军的军旅生涯的；而宪法则是政府和法律之基本。责任要从遵守法律、规章制度、命令等一切要求开始做起，但其内涵远不止于此。领导者应该敢于为人先，在被告知做什么之前就能指出需要做的事情。"

马克·斯塔比尔认为，**作为领导者，不仅扛起组织所赋予的重任，而且要传递责任。给员工主人翁责任感。**

"有些时候领导者有责任明确地告诉下属该做些什么，而下属也有责任确确实实地完成自己的任务。"

"在我们的生活中，有些事情我们可以不去做，但责任要求我们去做，甚至责任要求我们完成一些以我们的能力很难完成的事情。如果你做到了,得到的不仅仅是自己心理上的坦荡和安然,而且你的精神和责任还会感染别人,然后别人会因为你的感染,也变得有责任感。责任作为卓越的动力,具有传递的效果。"

"我们的企业同样需要这种责任的传递。在一个企业中,并不是所有的员工都能对自己的工作怀有强烈的责任感,但是如果他周围的同事都很有责任感,整个企业环境都是一种充满责任的氛围,那么这样的员工也会被别人的精神所感染,进而能够承担起自己的责任。因为他发现,承担责任并不是件很困难和痛苦的事情,相反,担当起责任会给他一种骄傲的感觉,因为他在这个企业中同样是重要的、不可或缺的。与其逃避责任,不如勇敢地承担起责任,说不定你的勇敢会成为你成功的契机。这就是一种责任的传递。企业营造这样的一种精神氛围和企业文化是非常重要和必要的。"

马克·斯塔比尔从西点毕业后,与人合作创办 Greencastle Associates Consulting 公司。从而成为全球最年轻亿万富翁。出生于1984 年的他按照当今中国社会对年龄的划分归于"80 后"。就是这位"80 后"在创始了风靡全球的社交网站,白手起家的他现在的净资产40 亿美元,获得了"比尔·盖茨"第二的荣誉称号。

马克·斯塔比尔喜欢授权管理,习惯于把握思路,具体细化则由下面的人去做。他认为,**作为领导者,权力和责任要下授。授权是给成员磨炼成长的最佳机会,授权不仅可以让领导者减轻工作负责,还可以让下属站在领导者的角度思考问题。**

马克·斯塔比尔说:"如果你是名将军,就应该做属于将军的事。一个高效率的领导人应该把精力集中到少数最重要的工作中去,次要的工作甚至可以完全不做。人的精力有限,只有集中精力,才可能真正有所作为,才可能做出有价值的成果,所以不应被次要问题分散精力。你应当尽量放权,这样可以用更多的时间去做真正应做的工作——为组织设想未来。"

"当公司或企业发展到一定阶段,随着事务的日益增多,领导者已经对每件事情无法亲力亲为,这就需要授权。从某种意义上说,授权是管理最核心的问题,也是简单管理的要义,因为管理的实质就是通过其他人去完成任务。授权意味着领导者可以从繁杂的事务中解脱出来,将精力集中在管理决策、经营发展等重大问题上来。通过授权,你可以把员工管理得更好。让员工独立去完成某些任务有助于他们成长。因此,恰当地授权非常重要,这样可以得到授权的最大好处,并将风险降到最低。"

领导者合理授权是进行人力资源管理的重要内容之一,是一种用人策略,是全面落实责任的助力器。

授权就是将权力授予其他人,以使其完成特定的任务。它将决策的权力从组织的一个层级移交至一个更低的层级。只有领导者想使工作落实得更有效果,就必须向手下授权。

由此可见,在一个企业里,制定一套完善的各部门人员的岗位职责,进行合理的任务安排,是企业成功的关键。

因此,领导者要学会的第一件事就是:能科学、合理地给下属安排任务。

第一,号令要简单。在授权时,用词要简捷,浅显易懂,使人一听就能抓住重点,切忌啰哩啰唆,含糊不清,或用华丽的词藻去修饰,这些都会使命令显得冗长不易理解,因而耽误执行的时间,甚至执行者会错误地理解命令。正确的做法是,领导者在下达任务时,要有一个中心,要用一到二个准确的词语概括出任务的落脚点,使接受任务的人一听就明白自己要做的事是什么,并且怎样去做,做到怎样的程度。

第二,任务要明确。下达授权时,要向接受者讲清楚他要做的是什么工作,这个工作具体到什么程度,都要一一向接受者讲清楚。不要同时向接受命令的人讲多个任务,或是没有讲清楚哪件事是主要的,哪件是次要的,如果同时下达的任务太多,接受者就会显得无所适从。还有一点需要强调的是,在下达命令时,如果接受者同时有多个人,就一定要明确每个人的权利、义务,分清职责。如在执行的过程中

出现问题,也方便追究当事人的责任,而且因为权责明确,接受任务的人就不会在出现问题时相互推诿。

行动指南

任何领导者的时间和知识都是有限的,优秀的领导者就应当懂得授权的艺术,学会正确授权,减轻人为造成的工作压力,提高工作效率,这样才能使责任落实得更好,才能使组织得到更好、更快地发展。

别纵容自己，别找借口

我作为新生学到的第一课，是来自一位高年级学员冲着我的脸大声训导。他告诉我，只许有四种回答："是，长官"；"不，长官"；"我错了，长官"；"长官，我不明白"。他曾问我："你为什么不把鞋擦亮?"我说，"哦，鞋脏了，我没时间擦。"他在各个方面关照我，总试着教我一些道理：如果你不得不带队上山，并在当晚给士兵的母亲写信，那就别找什么借口了。如果你不得不解雇公司的数千名员工，那也没什么借口。你本应预见到要发生的事，并寻找对策。

——西点毕业生、美国在线 CEO 詹姆斯·金姆塞

责任面前，不要任何借口！因为借口不是理由，执行才是硬道理，与其找借口，不如想办法改变。

"不要任何借口，敢于承担责任"，它是一种完美的执行能力的体现。**作为领导者，不要用任何借口来为自己开脱或搪塞。业绩好的时候，功绩是下属的，但如果出了错，责任应该有领导者承担。**

美国西点有一个悠久的传统，遇到学长或教官问话，新生只能用四种标准回答：

"报告长官，是；"

"报告长官，不是；"

"报告长官，没有任何借口；"

"报告长官，不知道。"

除这之外，一个字就不可多说。

西点之所以这样规定，就是要让新生学会忍受不公平，学会恪尽职守，明白表现不达到十全十美是"没有任何借口"的。西点认为，只有秉持如此信念，才有可能激发起一个人强大的毅力，产生出最大的成效。

"没有任何借口"是西点200多年以来奉行的最重要的行为准则，是西点教给每一位新生的首要理念。"没有任何借口"强化的是每一位学员想尽办法去完成任务，并非为没有完成任务去寻找借口。很多西点毕业生秉承这一理念，在各行各业获得了很大的成就。

西点毕业生、美国在线CEO詹姆斯·金姆塞回忆西点军校学习的情景时说："我作为新生学到的第一课，是来自一位高年级学员冲着我的脸大声训导。他告诉我，只许有四种回答：'是，长官'；'不，长官'；'我错了，长官'；'长官，我不明白'。他曾问我：'你为什么不把鞋擦亮？'我说，'哦，鞋脏了，我没时间擦'。他在各个方面关照我，总试着教我一些道理：如果你不得不带队上山，并在当晚给士兵的母亲写信，那就别找什么借口了。如果你不得不解雇公司的数千名员工，那也没什么借口。你本应预见到要发生的事，并寻找对策。"

詹姆斯·金姆塞是美国在线创业时的CEO。"美国在线"是美国最大的网络服务商，第一个被美国《财富》杂志列入500强的互联网服务公司。詹姆斯·金姆塞个人年收入1亿美元左右，居《福布斯》杂志全美1999年50家高薪大公司主管的亚军。

在詹姆斯·金姆塞看来，军人最大的优势在于他们作风简练，他这样要求美国在线公司的职员们——**与其费口舌去解释和找借口，还不如将时间花在寻找问题的原因和解决方法上来。**

詹姆斯·金姆塞说："西点军校里所教的内容让我们明白，仅仅是埋头苦干还不够。当军队指挥官发出一个命令，你在执行这项任务时只有两种结果：要么成功，要么失败。如果你失败了，指挥官是没有时间也没有兴趣听你推卸责任或找借口的。如果说你在执行任务的时候失败,士兵战死,那么,只是说一句'我尽力了'是不行的。从军队的学习中,我们了解到自己必须对所执行的任务负责——不管最后是成是败。'任何借口'不能帮你挽回战友的生命。"

"我们必须为自己的行为负责,即使出现的情况是自己控制不了的,但你也必须为自己的行为负责,这里没有'但是'。别找借口是西点军校的执行风格,任何一个借口除了让我们逃避责任,害怕困难对我们没有一点帮助。回忆起以前没有成功的原因,从而认识到这样那样的借口只能造成逃避责任或放弃努力,一些看似合理的借口阻碍了自己成功的脚步,降低了自己对成功的渴望,甚至给整个团队带来了致命的损害。"

"领导者不要有什么借口。别为自己的无能找一大堆理由,否则就跟小孩子说'狗咬了我的作业一样愚蠢'。因为管理无借口。"

"不管遭遇什么样的环境,都必须学会对自己的一切行为负责!属于自己的事情就应该千方百计地把它做好。只要你还是企业里的一员,就应该不找任何借口,投入自己的忠诚和责任心。将身心彻底地融入企业,尽职尽责,处处为自己所在的企业着想。"

詹姆斯·金姆塞相信,发生在安然和 WORLDCOM 这些大型企业身上的丑闻,正是因为领导者没能很好地承担起责任,丑闻才会发生。而这样的事情绝不会出现在美国在线公司,因为这里有很多高效而负责的领导者。

企业无论大小,无论是什么性质,成功永远取决于企业中每个成员是否对组织负责,对团队负责,对自己负责。一个企业要想得到持续的发展,有必要拥有一位职业素质高、责任感强的管理者。当然,仅此还不够,企业必须还得拥有一大批责任心极强的员工,才能作为企业良性发展的基石。

克拉克是一家医药公司的化验员。刚进公司时,他觉得化验员每天穿着整洁的白大衣,在实验室和玻璃器皿打交道,是一件十分轻松的活儿,因此,克拉克觉得这份工作很轻松,也觉得这样的工作不必承担太多的责任。但与克拉克同时进入公司的莱恩则不这样认为,他觉得化验员的工作看似轻松,实则责任非常重大。一个看似不起眼的数据,其实在原料的选择、加工、成品制作等环节中起着举足轻重的作用,是不能有丝毫疏忽大意的。如果没有责任感,则会给公司造成无法挽回的影响和带来不可估量的损失。因此,每个化验员的身上都担负着把好第一关的重任。

克拉克和莱恩由于对同一件工作有不同的认识,因此,他们对待工作的态度也有着天壤之别。克拉克开始怠慢自己的工作,他经常迟到或早退,对分配给自己的化验任务一拖再拖,有时必须由化验室主管催促好几次才能完成。

莱恩则不同。每天清晨,莱恩早早地来到公司,开始一天的工作。他每天把自己手头的工作认认真真地完成,并把实验报告结果报给自己的主管。在其他同事完成报告时,莱恩总是主动对实验数据和结果进行核对,做到准确无误。下班时间到了,同事们都离开办公室时,他还不忘记检查一下水、电开关是否已经关好。

为此,克拉克总不忘嘲笑莱恩几句:"喂,伙计,那不是你的工作,你做得再多,经理也不知道。这些单调的数据值得你反复核实吗?还有那些水龙头、开关什么的,都值得你一一动手吗?"

面对克拉克的嘲笑,莱恩总是平静地说:"这是我的工作,这是我的责任!作为一名化验员,我们必须具有高度的责任心和崇高的使命感,把个人和公司产品质量紧密地融合在一起,时刻保证人们用药安全、有效,是我们应尽的责任和义务。"

有一次,公司决定产开发一种新产品。经理把这个任务交给了克拉克和莱恩。但克拉克没进行几天就申请退出了,因为他"无法忍受萃取药液时有机溶剂的气味"。因此,繁重的试验任务全部落到了莱恩肩上。但莱恩没有畏惧困难,他不时地翻阅相关资料,查找有关的书籍。有时为了得到一个准确的数据而经常加班到半夜,看到精确的数据出来时,他才松一口气。但紧接着又得忙碌起来,车间生产的半成品已经出来,需要他及时进行测定。此时,有机溶剂的浓烈气味熏得他不停地咳嗽,但莱恩从来没想过要放弃,因为他把工作看成是自己的责任和义务。

当新产品开发成功时,莱恩已被提拔为公司负责产品试验的主管,而克拉克依旧是实验室里一名普通的化验员。

当克拉克知道莱恩被提拔为主管后,曾经去找过经理:"为什么我们一同进入公司,现在的职位竟然有天壤之别?这也太不公平了吧!"

"不,这正是公平的体现!"经理严肃地说,"莱恩对工作尽职尽责,他之所以被提拔为试验主管,是公司对他勇于负责的回报。而你呢?不知道'责任'二字为何物,我怎么可以把重要的职务交给你呢!当然,我也不可能给你加薪,所有的经理都不会这样做!因为一个没有责任感的员工,绝不可能获得他所付出之外的更多的报酬。"

身为职场中的一员,我们应该明白这样一个道理:责任是成功的支点,责任是一个人走向成功的动力,只有把工作做得尽善尽美,你才能得到你所想得到的。

有些人宁愿花时间、耗精力去找借口来逃避责任,也不愿花同样的时间、精力去努力做事,把"这事不该我管"、"不是我不想做"、"我已尽力了"、"等等再说"之类的借口作为掩饰个人弱点、推卸责任的"万能器"。

通用电器前CEO杰克·韦尔奇所说:"在工作中,每一个人都应该发挥自己最大的潜能,努力工作,而不是花费时间去寻找借口,因为公司把你安排在某个岗位上,是为了让你去解决问题,而不是听你那些关于困难的长篇累牍的分析。"

别找任何借口来为自己开脱或搪塞,完美的执行是不需要任何借

口的。让我们改变对借口的态度,把寻找借口的时间和精力用到努力工作中来。

行动指南

"别找借口"就是肩负责任。对企业领导者来说,假如企业的一切工作进展顺利,那么应该嘉奖企业员工。如果出现了问题,就应该负起责任。"别找任何借口。今后这类问题决不允许再发生。"

第二章
珍惜荣誉

　　人生需要荣誉。荣誉是人性中最灿烂的一面，它是正直、忠诚、信心、崇高的基础。有荣誉心的人，也是品德高尚的人。企业也是这样，只有受到消费者尊重和追崇具有荣誉的企业才能基业常青。荣誉感是企业的灵魂，如果一个企业的所有员工都能自觉维护公司的声誉，甚至为自己的公司感到自豪，这个公司必然会充满活力，能够在激烈的竞争中立于不败之地。

➤ 诚信是最重要的人格——坦尼科汽车 CEO 达纳·米德
➤ 荣誉重于一切——商业大亨威廉·富兰克林
➤ 坚守荣誉——COMPASS 总裁约翰·克里斯劳
➤ 首先要有一套价值体系——美国全国商会高级副总裁丹尼尔·克瑞斯曼
➤ 忍耐是任何人都要承受的一件事——商业大亨欧玛·布莱德雷

诚信是最重要的人格

　　诚实、信任，无私、忠诚、道德等，在商界你可能会见到这些成为领导者的人格特质，有些有领导能力的人，或许没有很卓越的纪录，因为他们可能没有太多机会和经验，但是其实具有领导者的特质。所以你宁愿选择一个具有上述特质的人做领导。

　　　　　　　　　　——西点毕业生、坦尼科汽车 CEO　达纳·米德

　　诚信是获取他人信任的基础，它关系着一个人是否会具有良好的声誉。作出承诺就必须遵守，没有理由、没有任何借口。遵守承诺的人总是很容易得到别人的信任和尊重。

　　如果领导者没有个人荣誉感和正直品格，就他不能拥有领导的权威和信誉。领导者值得大家信赖，主要在于行动上的正直。正直是通过存在和全身心的力量把诚实融入思想和行动，只有这样才可以说这个人是彻底正直的。可以说，正直是领导者做人根本。**一个正直的领导者，他会永远做正确的事。**

　　作为西点毕业生，坦尼科汽车 CEO 达纳·米德说：**"诚实、信任、无私、忠诚、道德等，这些是成为领导者的人格特质。**在商业界你可能会见到，有些有领导能力的人，或许没有很卓越的纪录，因为他们可能没有太多机会和经验，但是其实具有领导者的特质。所以你宁愿选择一个具有上述特质的人做领导。"

　　"自 1898 年西点军校把'职责、荣誉、国家'正式定为校训以来，西点军校特别重视对学员品德的培养。西点军校的信条是，'责任、荣誉、国家'，其中的'荣誉'与'正直'是同义的。西点军校《学员荣誉准

则》明确规定：一名军校生决不能撒谎、欺骗和偷窃，更不能容忍他人有如此行为。西点反复强调，西点仅仅培养管理人才是不够的，必须是'品德高尚'的管理人才。为此，学员从进校的第一天起，就被灌输西点的基本价值观，即正直诚实和尊重他人的尊严。"

"西点军校强调品德和品行，不欺骗，不说谎，最根本的原因是西点认为一个领导的品德和诚信度是影响下属最重要的条件。因为即使是在极大的压力之下，有品德的领导者也是绝对值得信赖的，他能把考虑他人的需要置于个人之上。不是偶尔这样做，也不是在某种精神感召下这样做，更不是为了使自己得到一种荣耀光环才这样做，而是每时每刻都这样做。对于西点来讲，没有知识的人是愚蠢的，没有勇气的人是可悲的，没有体魄的人是可怜的，没有品德的人则是危险的。"

"在企业界常会发生这样的例子，你让有领导能力的人领导一家公司，即使他对于该产业并不熟悉，但是只要让一位熟悉产业的人当他的副手，就可以保护他。在坦尼科汽车公司，有一个年轻人为我工作，他很积极、很聪明，我让他当凯斯（坦尼科分割出的子公司）的副执行总裁，即使他不熟悉凯斯这家公司，也没有操作过任何一个机械设备，但是他是一个领导人才。两个月后，他成为公司的CEO，成为受尊敬的领导者。他是一个典型的例子，我在坦尼科用过很多这样的人。当然很多CEO会不认同我的想法，他们觉得要对该产业熟悉的人才能领导公司，但是我认为具有领导特质的人才是比较重要的，即使这样会有风险。"

达纳·米德退役后，加入美国国际纸业公司，成功地将亏损的牛皮纸部门，改造成赚钱的影印机用纸部门。接着，他担任坦尼科汽车公司CEO，在他任职8年里，坦尼科汽车公司市值增加了3倍。2003年7月，他接下美国麻省理工学院（MIT）董事会主席职务。

达纳·米德是一位见识过各个领域重大变化的领导者，他认为，诚信是领导者最重要的品质。

在达纳·米德一生最尊敬的企业家，是他前一任坦尼科汽车执行长麦克·瓦尔士。瓦尔士是非常有诚信的领导者,当他从医生那里得知自己已经患上癌症,不顾这一消息可能对公司股价造成下挫,本着诚信原则,在第一时间便对投资人发布自己罹癌的消息。

达纳·米德说,"麦克·瓦尔士先生,他非常有活力、非常重诚信;而且他是一个富有远见的人,他将这些品质发挥到极致——很多人愿意追随他的个人魅力。"

达纳·米德举一个例子说,"最初因为瓦尔士的病,我们拟了一份新闻稿,我们决定,如果是脑瘤,我们就必须公布这个消息。医生最早告诉瓦尔士,他的脑瘤生长速度还相当缓慢,预计还能活 8 到 10 年。因此我们写的新闻稿按照这个情况来写。"

最后,瓦尔士到医院确认脑瘤的情况。晚上他从医院出来,给我打手机,问我:"之前拟的新闻稿在你手边吗? 我说:是啊。他说:那么你把以前写的缓慢生长划掉,因为医生告诉我这是恶性肿瘤;并要把能活 8 到 10 年改为 3 到 5 年,然后就可以发布了。"这表现出他很高的诚信。

在我们发布新闻稿的次日,瓦尔士到公司录了长达 30 分钟的录音带,解释他会如何对抗脑瘤,公司会如何做,等等。录完以后,我们把录音带发给公司 10 万名员工。

瓦尔士去世之后,我接任 CEO,有位董事问我:换作你是瓦尔士,你会怎么做? 我回答:我会作出跟他一模一样的选择。

诚信对企业领导人来说,是相当重要的,一位绝顶聪明的企业领导人,如果没有诚信,那么,他将使企业处于危险境地。

很多领导者虽然在企业建设上,都是用尽了心力。但不幸的是,更多的领导者残喘于市场的短期压力之下,徘徊在丰厚的个人利益之间。在巨大的压力和诱惑面前,他们将诚信的价值观和股东利益摆上了自私的祭台。比如安然、世通,它们曾经都是世界著名的公司,可为什么一夜之间突然倒下? 主要是诚信的缺失。

达纳·米德先生号召新一代领导者进行"诚信的领导":"我想明

智的我们一定不会走一条灭己之路。"领导力大师沃伦·本尼斯更将"诚信领导"视为"领导的绅士风范的再现",全世界各行各业的管理者都需要重视。

西点军校对诚信领导力的研究发现,伟大的领导者都要用现实考验自己、理解自己,发现自己的价值观、人生愿景,然后影响身边的人。他们对自己的思想(包括信念、价值观和道德观等)、行为以及所处的工作情境具有深刻的意识。

诚信是市场主体的一种重要社会资本,无论任何个人和部门、企业,只有诚实守信才能建立良好的市场信誉。

达纳·米德在执掌坦尼科汽车公司帅印的期间,坦尼科汽车公司一直都是盈利的公司,公司信用评级达到AAA级,这在全球技术公司中的评级是最高的。企业如人,达纳·米德努力打造和他自己一样富有诚信的企业。

达纳·米德要求各级员工坦诚相待,来获得他人的信任。在坦尼科汽车公司的核心价值观里,有一条很重要的原则就是诚信。达纳·米德希望每个员工能以最高的职业道德标准来要求自己。以出差报销为例子,达纳·米德一直采用实报实销制度,体现公司对员工的尊重。员工用自己的判断去理性地花钱,用自己的行为来证明自己是一个诚信的人。譬如,说谎和造假是不可原谅的重大错误。公司有一个主管,报销出租车费时做了手脚,车票上的金额原本是30美元,这位主管却把30美元改成了130美元。后来那张发票被发现有问题,经过核实,证明这位主管造假。这个月收入近2万美元的主管却因为100美元的错误被开除了。

达纳·米德说:"做任何事情要有诚信,不可以欺骗用户。"他认为,诚信企业,其特点就是追求为所有的利益相关者创造价值。当时的坦尼科汽车公司推行的是克劳士比质量管理计划,这一方案降低了对于客户的关注度。达纳·米德决定创建一种自己的质量体系,将注意力都集中到了客户身上。因为公司的成功与客户紧密相关。

在实施过程作中,达纳·米德对那些真正为客户服务的员工——开发新产品新服务,以及那些直接进行销售和服务的员工,为他们创造良好的环境,给他们进行授权,并对他们的努力加以奖励。达纳·米德以坚持诚信的商业道德为基础,得到了客户、合作伙伴和企业员工的广泛拥戴。就是在这样的大环境下,达纳·米德领导着坦尼科汽车公司在稳健中向前发展。

很多世界 500 强企业把"诚实正直"作为企业文化的基石。这些企业对员工进行绩效考核时更看重诚信,员工必须信守职业道德,讲求诚信。若员工发生了诚信危机,他可能就没有机会在企业继续工作下去。

诚信是企业从事一切经营活动时应当遵循的重要原则。诚信意味着企业内外均按承诺办事、言而有信。高质量的产品和服务也要求绝对的诚实正直,因此,提供优质产品或优质服务不只是一种"严格按规格说明书办事"的行动,更是诚信的外延。

亚伯拉罕·林肯曾写道:"品格像一棵大树,名誉像它的树荫。树荫是我们所想要的,而大树才是应该追求的。"诚信对企业领导者来说,是最重要的品格。有这种品格,他才能够领导企业到达"承诺之地"。

行 动 指 南

对企业领导者来说,诚信是至关重要的。诚信是提高领导力的良方。有了它,领导者对自己和下属的自我控制行为具有正面的影响,不仅激励积极的个人成长,还能促进企业发展。

荣誉重于一切

荣誉比什么都重要。在人们美好的感情中,荣誉心是人的最美好的感情之一,是军队获得灵魂的生命力。

——西点毕业生、商业大亨　威廉·富兰克林

人生需要荣誉装点。荣誉的点缀可让他的人生更加丰富多彩;荣誉的装扮可使他的人生更加波澜壮阔。

我们从事任何事情,都必须依靠一种精神的力量和内在的动力去推动。这种精神的力量和内在的动力,就是荣誉感。

荣誉感是一种积极的心理品质,它以团队为基础,同正直和诚信的美德紧密联系在一起,能激发领导者和员工的责任感和对职业的使命感。

荣誉感是源动力,可以激励人开拓进取,荣誉感又是自信力,可以鼓舞人勇攀高峰。

人生需要荣誉。荣誉是人性中最灿烂的一面,它是正直、忠诚、信心、崇高的基础。有荣誉心的人,也是品德高尚的人。企业也是这样,只有受到消费者尊重和追崇具有荣誉的企业才能基业常青。

西点毕业生、商业大亨威廉·富兰克林说:"荣誉比什么都重要。在人们美好的感情中,荣誉心是人的最美好的感情之一,是军队获得灵魂的生命力。"

"荣誉是职业军官的行为标志,是军事生涯的重要组成部分。通过成就创造荣誉,通过荣誉感取得更大成就,西点对此坚信不疑,始终把荣誉教育优先予以考虑。西点新学员一入学,首先就要接受 16 个

小时的荣誉教育。教育主要用具体事例说明珍惜荣誉、争取荣誉、创造荣誉、保持荣誉的重要性和方式方法，以及荣誉感对一生的好处。然后，以不同方式将荣誉教育系统地贯穿于 4 个学年学习生活的始终。目的是让每个学员逐步树立起一种坚定的信念：荣誉是西点军官的生命。"

"西点赋予我的荣誉意识，让我在任何一个团队中都大受欢迎。正是荣誉感，让我与那些至今仍没有作出什么成绩的人区别开来。"

在西点军校中，荣誉教育始终放在优先的位置。西点把荣誉视为至高无上的东西。西点教官要求人人应当熟记所有的军阶、徽章、肩章、奖章的样式及区别，记住它们所代表的意义和奖励，还要记住皮革等军用物资的定义、西点会议厅有多少盏灯，甚至校园蓄水池的蓄水量有多少升等诸如此类的内容。如此训练和要求，就是培养学员的荣誉感。

这点对企业来说，很值得借鉴。在企业，每个员工都必须对自己的工作及对自己所效力的企业有一个全面清楚的了解。

军人把荣誉视为生命，任何有损军人荣誉的语言和行为都必须禁止。同样，如果一个员工对自己的工作有极强的荣誉感，对自己的工作引以为荣，对自己的公司引以为荣，他必然会激发出很大的工作热情。企业领导都应该加强员工的荣誉教育，让员工唤起对自己的岗位和公司的荣誉感。也就是说，员工对企业的荣誉感是企业的灵魂。

假如员工对企业没有荣誉感，即使企业有许许多多的规章制度和要求，他也不可能把自己的工作做到完美，他有可能会对企业的要求不理解，或者认为这是多余而感到厌倦。绝不会把自己的工作做到尽善尽美。

商业大亨威廉·富兰克林认为，**荣誉感产生于使命任务中，对执行任务也有着不可估量的牵引作用。**

威廉·富兰克林曾在希尔顿饭店有过美好的经历。他早上起床，一打开门，走廊尽头站着的漂亮的服务员就走过来说："早上好，富兰克林先生。"叫他"早上好"很正常，知道他叫富兰克林也不难。他马上问她："你怎么知道我叫富兰克林？""先生，昨天晚上你们睡觉的时候，我们要记住每个房间客人的名字。"服务员微笑地说道。

后来他从四楼坐电梯下去，到了一楼，电梯门一开，有一个服务员站在那里，"早上好，富兰克林先生！""你知道我叫富兰克林？怎么可能？"富兰克林很纳闷地问道。"先生，上面有电话下来，说你下来了。"服务员带着微笑地说道。然后他去吃早餐，吃早餐的时候送来了一个点心。他就问，这中间红的是什么？服务员看了看，向后退了一步说，那是什么。旁边那个黑黑的是什么。她又看了看，向后退了一步说，那只是什么。她为什么后退一步？因为避免她的唾沫碰到富兰克林的菜里。

威廉·富兰克林说："也许每个人都有过相似的经历，只是觉得非常正常却忽略了。然而我觉得这些看起来是细小的事情，却体现出一个很深的道理。假如那个服务员对希尔顿饭店没有荣誉感，她能表现得如此尽职尽责吗？业绩能够创造荣誉，荣誉能够让你获得更大的业绩。"

没有荣誉感的员工就是没有灵魂的员工。如果他缺乏荣誉感的指引，就会很容易产生颓废懒惰。他们不在乎别人对自己的看法，也不想树立良好的形象。他们是破坏纪律的带头人。他们不会帮助组织维护形象。他们不在乎自己受不受嘉奖，有没有得到光荣的称号。当领导安排给他们任务的时候，他们想的不是圆满地完成任务后会受领导的赞赏，而是在算计着做这件事情对自己有什么好处？薪水能够提升吗？能够受提拔吗？在他们眼里，接受任务就好像是在做一件交易，假如算起来不划算，就把任务踢给别人了。

这些都跟员工对公司目标与工作重要性的认识程度有关。如果员工了解公司的发展方向以及自己所做的工作对公司目标的贡献率，那么他的荣誉感会增强，相应地积极性和责任心也会增加。如果员工不能认识到荣誉的重要性，不能认识到荣誉对你自己、对你的工作、对你的公司意味着什么，又怎么能指望这样的员工去争取荣誉、创造荣誉呢？

商业大亨威廉·富兰克林曾一度苦恼：员工对公司无荣誉感，无责任心，对工作懈怠。一次，他在与一位管理培训师闲聊时，培训师给他讲了这样的一个故事：一个哲学家分别问正在教堂工地施工的三位建筑工人同样的问题，"你在干什么？"回答通常是"我在砌砖头"，"我在建世界上最大的教堂"，"我在建设一个净化人们心灵的场所"。

培训师对威廉·富兰克林说，你应该多给员工讲讲类似的故事，让他们从故事中明白道理，产生荣誉感。

后来，商业大亨威廉·富兰克林就大量地收集这类故事，经常给员工们讲，不到半年的时间，员工们的工作态度发生了根本的转变。威廉·富兰克林说过一句这样话，"这就是荣誉感召下的力量"。

每一个企业领导者都应该对自己的员工进行荣誉感的教育，让员工唤起对自己的岗位和公司的荣誉感。

可是，如果有很多中小企业的精神文化还跟不上员工的需求，尤其是相当多的企业对员工荣誉感激励制度还未吃透，领导者不知道如何来激励，对此，这些企业的领导者更应该学会讲故事，用故事来激发员工的荣誉感。

荣誉感就像一座不歇业的加油站，永远都富有很强的号召力、感染力、凝聚力和冲击力。要建好荣誉这座无形的加油站，就必须学会将荣誉载体化，把象征荣誉的精神元素以直观形象表现出来，这也是一个企业管理重要的课题！

在企业里，就是要培养起员工的强烈荣誉感。在一个组织里，不仅仅是员工应该言必称荣誉，管理者也应该如此，企业同样需要有荣誉感的管理者。

管理应该让自己的言行来激发员工的荣誉感，这就要求领导者在工作中不要总是开口或闭口"我的公司",而要多说"我们的公司"、"大家的公司",这样就能激发员工的荣誉感、自豪感,员工就会为"我们的公司"保持荣誉,并且在工作中更加努力,竭力把每一件工作都做到精益求精。

因此,管理在日常工作中的任务之一就是要激发员工的自豪感,使员工从内心深处有"我们就是整个组织,我们为这个组织感到自豪"的认同感。

行 动 指 南

任何组织和个人对于荣誉都要有强烈的爱,组织的荣誉观念,就是个人对自己所在团体的爱,如同一名军人都要爱惜他本部队的光荣历史一样,企业的员工也要爱惜企业的声誉。

坚守荣誉

　　我以前的一个学友违反了荣誉准则。当他把所做的事情告诉我时，我并没有为他网开一面而选择向上报告。这并非表示我不在乎他，而是我深深地关心他。我懂得，与他被给予第二次机会相比，原则是最重要。我知道我首要职责是坚守荣誉的原则。

　　——西点毕业生、COMPASS 总裁　约翰·克里斯劳

　　荣誉感是企业的灵魂，如果一个企业的所有员工都能自觉维护公司的声誉，甚至为自己的公司感到自豪，这个公司必然会充满活力，而且能够在激烈的竞争中立于不败之地。

　　荣誉是人性中最光辉的一面，荣誉是忠诚、正直、崇高、信心的基础。有荣誉心的人，也是品德高尚的人。

　　"荣誉实践所有的陆军价值观。**荣誉就是个人品质和行为的'道德指南针'**。对一名军官来说，荣誉就是把军队的价值观置于个人利益和荣华富贵之上；对所有士兵来说，荣誉还意味着把军队的价值观置于苟且偷生之上。崇尚荣誉，就是要自觉珍惜和维护军队、军人的荣誉，视荣誉重于生命。"

　　在西点，荣誉制度与纪律规定相比，前者好像更引人注目，也更严厉。违反荣誉准则的处罚一般也要比违反纪律的处罚更重。

　　在西点，每个学员必须用荣誉原则来规范自身的行动。学员们把荣誉和责任视作立身的根本。西点荣誉原则是保证年轻学员严格按照西点的规章制度和道德行为规范来约束自己，维护西点的形象。

　　荣誉原则就像力的作用是相互的那样。西点军校之所以成为世

界军校的典范,就是因为它培养了很多优秀军人,而西点军人之所以感到自豪是因为他们毕业于西点。

约翰·克里斯劳说:"我们想象到如果没有强烈的荣誉感,那么,伟大的事业就难以成就。"

他认为,任何组织和个人对于荣誉都要有强烈的爱,组织的荣誉观念,就是个人对自己所在团体的爱,如同一名军人都要爱惜他本部队的光荣历史一样,企业的员工也要爱惜企业的声誉。

在约翰·克里斯劳总裁领导的COMPASS集团,他要求每个员工珍惜和维护公司荣誉,必须牢记公司的荣誉准则。约翰·克里斯劳讲述这么一个故事:

在COMPASS集团,有一个叫做吉姆的年轻人,他在COMPASS集团下属部门做营销经理。有一段时间,他推销食品用具非常顺利,半个月内就同25位顾客做成了生意。有一天,他突然发现他所卖的这种食品用具比别家公司生产的同样性能的食品用具贵了一些,他想:"如果顾客知道了,一定以为COMPASS集团在欺骗他们,会对COMPASS集团公司的荣誉产生怀疑。"于是,深感不安的吉姆立即带着合约书和订单,逐家拜访客户,如实地向客户说明情况,并请客户重新选择。其行为使每个客户都很受感动,这样也为他带来了很好的荣誉,客户们都认为他是一个值得信赖的人。结果,这些客户中不但没有一个解除合约,反而又给他带来了更多的客户。吉姆冒着解除合约、蒙受个人利益损失的风险,用自己的诚信维护了公司的荣誉。正是因为他看重公司的荣誉,才获得了客户更多的信任与尊重,非但没有蒙受损失,还为COMPASS集团获得了更多的客户。

能珍惜公司荣誉的人都是好员工。**好员工是企业荣誉的代言人,好员工的良好形象在某种程度上就代表了企业的荣誉。**员工在任何时候都不能做有损企业荣誉的事情,这也是一个员工最基本的职业准则。就像你不愿意让别人伤害你的荣誉一样,你也不容许让别人伤害你自己企业的荣誉。

一个有荣誉感的员工会顾全大局，以企业利益为重，决不会为个人的私利而损害公司的利益，甚至为了企业的利益而不惜牺牲自己的利益。他们知道，只有企业强大了，自己才能有更大的发展。实际上，有这样想法的员工才能被企业真正地委以重任。往往是那些有集体荣誉感的员工，才真正知道自己需要什么，企业需要什么。具有集体荣誉意识的员工，在任何一个组织中都深受欢迎。

在COMPASS集团，像吉姆这样的员工有很多。约翰·克里斯劳认为，正是这些员工珍惜和维护公司荣誉，才使COMPASS集团发展到成为今天全球最大的食品公司。

珍惜荣誉，创造荣誉，既有益于所有人，也有益于任何企业，因为一个企业如果能够公正地对待职员、股东、客户，就必然能够在良好的商誉基础上发展、壮大。不过，维护荣誉、争取荣誉、创造荣誉看起来简单，却是所有企业共同价值体系的关键，因为任何机构和人都一样，惟有遵循道德规范，才能使自己表现得最优秀、最卓越。

在世界500强企业中，很多企业坚守荣誉原则，比如福特汽车公司。福特汽车公司领导创建维护公司荣誉一整套价值体系。

美国著名的福特汽车公司，每年拥有250多万名顾客，为了了解他们的需求，公司定期邀请一些顾客与产品设计人员和汽车销售人员讨论产品及销售服务等问题，并专门设计一种软件数据系统，供各部门经理和员工详细了解掌握顾客的意见。

一次，有位顾客抱怨说，乘坐福特汽车不愿在后排，因为后排空间太小，腿伸不开，这样非常不舒服。

听到这个消息后，福特汽车公司高层决定对汽车进行调整改装，并把这个决定告诉了设计部，要求他们对所有福特汽车，包括库存的汽车全部改装，但设计部没有同意这项决定，认为一个顾客的意见并不能代表大家，而且重新改进要浪费大量人力和物力。

但福特汽车公司高层认为，一个顾客的意见也得接受，何况他的意见很中肯。现在虽然是一个顾客抱怨福特汽车,但如果公司不理睬,将会产生涟漪效应,引起众多消费者的不满,这样就会有损公司的名誉。现在尊重顾客的要求,采纳他们的意见对汽车进行改装,其实是维护公司的名誉。因此,设计部必须立即对所有未销售出去的汽车进行调整改装。如果已销售出去的汽车有顾客反映后座不舒服,要迅速召回免费进行改装。

当福特汽车进行调整改装,加宽了前后排之间的距离后,他们的举动赢得了顾客的普遍称赞,福特汽车更加畅销了。

福特汽车公司之所以不惜花大量的人力、物力去改装汽车,不把顾客不满意的汽车卖给他们,就是为了维护公司的声誉,为了维护公司产品的名牌声誉。

一个企业要想在激烈的市场竞争中具有强大的竞争力,那么这个企业就必须依赖许多有荣誉感、珍惜集体荣誉的员工。

荣誉既是一种对组织认可价值尺度,又表现为个人行为选择的道德责任感。不管荣誉是大还是小,不管是个人的还是集体的,我们都应该爱惜,并且对有损荣誉的语言和行为都应该绝对禁止。例如为了维护组织的荣誉,为了组织的利益,我们可以牺牲自己的利益。在看到他人损害企业的声誉时,必须勇敢地站出来,为维护企业的荣誉而斗争。

行 动 指 南

企业无论领导者还是员工,都应该视荣誉为生命,视企业荣誉高于一切。把追求个人荣誉与维护企业和团队的荣誉统一起来。个人荣誉源于企业和团队,在创造个人荣誉过程中,就是在为企业和团队赢得荣誉;同时,又在分享企业和团队的荣誉。这就要求我们自觉地把个人荣誉融入到企业和团队的荣誉之中。

首先要有一套价值体系

首先要具备一套价值体系,这对于任何领导者都是必不可少的,因为任何成功的领导必定要使他人对其产生信任感。

——西点毕业生、美国全国商会高级副总裁 丹尼尔·克瑞斯曼

企业领导者要形成自己的价值观体系,这价值观体系是自己在瞬息万变的商业领域中的立足点。成功的企业都离不开成功的价值观,这个理念源自领导人,领导人把他个人的价值观变成了企业的价值观,把他个人的文化变成了企业的文化。卓越企业能够基业常青的秘诀就在于领导人自己的核心价值体系,把自己的核心价值体系变成企业的文化,而这种文化最后形成系统的结构,这个结构实施企业的经营战略。

西点毕业生、美国全国商会高级副总裁丹尼尔·克瑞斯曼指出:"首先要具备一套价值体系,这对于任何领导者都是必不可少的,因为任何成功的领导必定要使他人对其产生信任感。"

丹尼尔·克瑞斯曼,美国陆军退役中将,现任美国全国商会负责国际事务的高级副总裁。在担任美国全国商会负责国际事务的高级副总裁之前,他在华盛顿的 Kimsey 基金会担任总裁的职务两年之久。在此之前的 5 年中,他担任西点军校的校长。

克瑞斯曼当年以第一名的成绩从西点军校毕业,还获得普林斯顿大学 MPA 和 MSE 学位,另外,他还在乔治华盛顿大学法学院学习。1969 年,他参加过东南亚战争,并指挥美国第 101 空降师的作战。海

湾战争期间,在美国,天天都能在电视上看见丹尼尔·克瑞斯曼做战况分析。

克瑞斯曼说,在西点校训倡导的核心道德观念中,荣誉观是它的核心和基础,构成军人主导价值观。荣誉是至高无上的,它是一种人格;它是正直和诚实的美德,而不是代表个人权势地位。

对于这一点,美国的第一任总裁乔治·华盛顿身体力行。克瑞斯曼说,华盛顿领导的是一支民主的军队。一支民主的军队服从领导,不是因为有人要求他们这样做,而是出于他们对领导者的信任。我们信任领导是基于这样一套价值体系:荣誉、尊敬和气质。假如领导者想要在战斗中攻无不克,那么这个领导者本身就应当体现出这些价值观念。

这个道理同样适用于非军事领域。一家公司或者一家商业团体的成功取决于人。有关领导艺术的那些原则同样适用于商业领域。

克瑞斯曼说,在西点一直贯彻的理念是,领导要"尊重下属"。好莱坞的电影常常会刻画一些领导的形象,他们虐待下属。而在一支21世纪的军队中,实际情况不是这样的。领导需要尊重每一个下属的尊严和价值。同样,在非军事领域,这些原则也同样适用。否则,这些下属便会远离这些人的领导,投奔到其他工作环境和氛围更加和谐融洽的公司去。

他认为,一个好的公司,必然会有好的员工,这是公司荣誉的召唤。荣誉能增加企业的向心力。如果企业领导者致力于公司的发展而不是得过且过、目光短浅地追求现时发展的话那么,他必须先构建公司核心价值观。

事实上,核心价值观犹如组织的"DNA",是组织生存的核心,是生存、壮大、发展的基础。企业作为竞争性组织,当然需要,而且必须确定,并且永远坚持自己的核心价值观。

管理大师柯斯林说:我们经过研究后发现,**卓越的公司有一个共**

同特点,就是都有一套核心价值观,并且始终以这一价值观来指导行动。例如,菲利普·莫里斯信奉自由选择的权利,努力赢得竞争,以及良好业绩所带来的更多机会;默克强调企业的社会责任,不断创新和追求利润为人类带来的福利;迪士尼的信念是培育健康向上的美国价值观,以及对永久性的执著和对细节的关注;索尼致力提升日本文化和国家地位。

与此相对照的是,宝洁公司有两条基本价值观:一是顾客至上;二是员工的福利就是公司的福利。顾客至上的准则成为超越其他一切准则的至高无上的信念,虽然这种价值观可能对整个人类社会没有多大的贡献,但它却使宝洁公司成为世界上一流的企业。由此可见,企业必须建立一套核心价值观,并严格遵循,至于这种价值观是什么并不重要。换言之,重要的不是价值观的内容,而是它的存在。很多一流的企业最终之所以走向失败,并不是因为他们的价值观有误,而是因为他们没有始终如一地遵循自己的价值观。

我们在每家公司的广告标语里,能非常明显地看出这家公司的价值体系,但是优秀的企业大多都有一套历史悠久而丰富的价值观、信念和经营理念,当然,公司里的个人对塑造公司的标准和信念也有一定的影响。

无论从哪个角度来看,IBM公司的成功都应归功于公司的经营理念和价值观,亦即IBM公司卓越的公司文化。不可否认,IBM公司是严格遵循核心价值观的企业之一。

约翰·科特曾经说:"任何一个成功的企业,都会有一套自己的独特的核心价值观。不管你是否想要,而没有遵循企业价值观的,只能是那些长期失败而且预兆着继续失败的公司。"因此,构建一种好的企业文化对企业的发展有极大的促进作用。

在IBM公司的企业文化理论里,非常注意集体感受,即关心社会团体中人们情绪状态的相同之处。当良性的情绪占上风的时候,企业中的人与人之间的关系，便会进入一个良性发展轨道中，企业情绪和观念的和谐一致能够调节企业行动，创造良好的气氛。因此，可以这样认为，IBM 公司的企业文化理论，已从对企业内个体的研究，转变为对企业内员工整体的研究。

作为当代全球最庞大的公司之一，IBM 在世界上 100 多个城市设有分公司，拥有 25 万名员工，业务范围很广，但 IBM 公司工作的员工，他们无论是在衣着、思想上，还是在行为各方面都是相同的。但他们具有同样的信念、价值观、习惯及语言。公司有三种基本信念渗透整个组织：一是对顾客的服务；二是忠诚和快乐的雇员；三是不断追求卓越。虽然 IBM 公司的员工对工作十分重视，但他们同时非常关怀和爱护自身的家庭和同事，更愿意长时间艰苦工作。

另外，在具体的工作环境中，IBM 公司采用了一套与众不同的方式，它不相信有所谓绝对的工作标准存在，只希望每个员工尽力而为，这使员工保持了本身的尊严，他们自然会尽职尽责地完成工作，而绝不会拖延、怠慢。

穿着"IBM 制服"的员工都非常重视 IBM 的价值观。每天早上，在 IBM 公司的会议室里，员工们会起立高唱 IBM 歌曲集中的歌，其中有"星条旗永不落"和 IBM 自己的颂歌"永远向前"。

IBM 员工唱道：

手拉手，共努力，与 IBM 共同向前进。

意志刚强的同仁们，在一切领域共同向前进。

IBM 公司的发展远远超出了主题歌所唱的速度，但主题歌所反映的价值取向和团结奋进的精神却是永存的。

IBM 公司一流的企业文化，使员工们紧紧地团结、凝聚在一起，他们为自己是 IBM 公司中的一员而感到自豪，而也正是这种企业文化，最终促进了 IBM 公司的高速发展。

企业的核心价值观渗透于企业的每个角落，影响着员工的思考、语言和行动的方式，影响着企业的整体运作，虽然核心价值观不能直接产生经济效益，然而它是企业能否基业长青的一个重要因素。

价值观是企业领导者行为的内在驱动力，是决定企业领导者期望、态度及行为的心理基础。核心价值观代表一系列基本的信念以及人对周围事物的是非、善恶和重要性的评判。人们对各种事物，比如自由幸福、企业目标、人生价值、公司使命、管理授权、奖金奖励、自尊荣耀、诚实坦率等，在心中有轻重的区分，这种轻重的排序和标准，便形成了个人的价值体系。在同一的客观条件下，具有不同价值观的企业领导者必然会对事务有不同的看法，从而产生不同的行为和结果。

德鲁克在研究了689家企业后发现：**一个企业所能依赖的只有企业精神，而这种企业精神的实质往往受到企业领军人物核心价值观的影响和左右**。企业领导的精神是企业生存、持续发展有力的心理支撑，领导精神影响到企业文化的形成发展和公司重大政策的制定落实，是企业的核心理念、经营哲学、管理方式、用人机制、绩效评估、职业发展以及行为准则的总和。

核心价值是指企业最重要、永远不改变的指导原则，它不需要外在的证明和肯定，它本身就对企业成员具有无比的重要性和价值。例如迪斯尼公司核心意识所坚持的想象力和有益于身心，不是应市场要求而产生的，而是迪斯尼的创始人相信想象力和有益于身心的事情，本来就应该多多鼓励。

惠普公司重视尊重个人。对两位创始人休利特和帕卡德来说，这是他们个人内心深处的信仰，不是从书上学的，也不是从哪个管理大师那儿听来的。强生公司的CEO拉森解释得好："我们信条中的核心价值可能是一种竞争优势，然而这并不是我们相信这些核心价值的原因。我们相信这些价值是因为它们是我们衷心拥护的。即使在某些时候，这些价值变成一种竞争劣势，我们还是会坚持这些价值。"

重要的是，高瞻远瞩公司会谨慎决定哪些价值是真正核心的，不论周围环境、竞争态势或管理风潮如何演变，都不会更改。那么，显然没有一套核心价值是放诸四海而皆准的。例如企业的核心价值不一定要包括顾客服务（索尼就没有这一项），也不一定要包括品质（华马特商场就没有这一项）。关键不在于核心价值是什么，而是在于组织究竟有没有核心价值。

行动指南

核心价值观是发展、孕育和维持企业核心竞争力的内在驱动力，是组织的灵魂！领导者必须构建一套健全的核心价值观。这套核心价值观可供全体员工遵循，这样，员工就能用价值观指导自己的工作。

忍耐是任何人都要
承受的一件事

忍耐是人生过程中,任何人都要承受的最困难的一件事。

——西点毕业生、商业大亨　欧玛·布莱德雷

忍耐是一种弹性前进的策略,如同战争中的防御和后退,有时恰好是获胜的一种必要准备。

忍耐也是一种磨砺和意志力的体现。它是人与环境、事物对抗的心理因素和物质因素的总和。两军对抗勇者胜,两军相持久者胜。忍耐是一种明退暗进,更是一种蓄势待发。忍耐的极点就是柳暗花明。

对大多数企业领导来说,必须锤炼的莫大于"忍耐力"了。忍耐力越强,坚持的时间就越久。那么,获得成功的可能性就越大。

凡是成大事的人,通常都不会太急躁,他们以足够的耐心和信念去选择最佳时机。

西点军校毕业生、商业大亨欧玛·布莱德雷说:"忍耐是人生过程中,任何人都要承受的最困难的一件事。"

他讲述在西点练就忍耐力的故事:

新学员对西点的领导力有强烈而近距离的亲身感受,始于他们进入训练营,西点的训练营有一个悠久而古怪的名字——"野兽训练营"。新学员从这一天开始为期6周的夏季军训。一年级的夏天对新学员来说非常艰苦,这也合乎情理。因为这是一种全新的体

验——是对新学员的快速高压的测试,测试他们能否适应这一高强度环境。根据以往的情况看,这段时间的磨难几乎占去 4 年军校生活的一半。这是精神和肉体的双重消耗,为以后的西点生活奠定了基调。

在西点,任何一个想要成功毕业的学员都必须经受"野兽训练营"的锤炼。每个学员必须忘记自己是谁,自己仅仅是一支有待打磨的箭。"野兽训练营"会反复折磨他们,以锻炼他们的耐力。

它的目的是为了用心、深入和有效地教导学员,使他们能胜任世界上最精锐部队的军官。

欧玛·布莱德雷认为,战场上,更多的事情是做简单重复的工作。**没有忍耐力的人总是不能笑到最后的。**

有忍耐力的人无往而不利。认为难以突破的时候,首先选择的就是等待。假如没有选择的话,那么就勇敢地迎上去。

无忍耐力的人,总是等不到最好的时机出现就贸然出击,结果总不能给对手一击致命,让对手逃脱或者有反击的机会,并将自己的实力全部暴露。

在商场中,我们同样要把忍耐力提到生存的高度去看待。企业领导者应当时刻站在企业的角度去思考问题,应当保持足够的冷静。在激烈的竞争中,到处都是看不见鲜血的战场,冲动者在此时会不顾后果地与对手展开正面的交锋,结果导致两败俱伤。

在局势不利或者形势不明的时候,应该保持谨慎,一边积极准备必要条件,一边静候时机。若为眼前利益驱使,企图侥幸获胜,极可能造成失败。

商战中最大的忌讳是选择错误的时机,如果出手太早就会过早地暴露自己的意图,从而将价格抬高,如果出手太晚则会被别人抢得先机。因此,企业领导者要想在商战中取得胜利,最重要的就是,保持足够的忍耐力,选择最合适的时机出手,以最小的代价赢得最大的利益,这就是商场上的生存智慧。

希尔顿就是一个忍耐力十足的商人。他一旦认准了目标，就会不懈地追求。为了购买美国最豪华的华尔道夫——亚斯陀利亚旅馆，他花了18年的时间。他说过："假如我现在能忍耐，将来一定会有很大的回报。"

希尔顿从小就有远大理想，并尽最大努力去实施。他先当过经纪人，后来又做州议员，还曾经入伍参军，一度热衷于银行业。但他最大的梦想还是成为一个银行家。为了实现梦想，他来到了"遍地黄金"的德克萨斯州，未料到被一个不守信的人改变了命运，银行家之梦破灭了，却买下一家小旅店，从而写下了他旅店经营史的第一页。希尔顿在经营旅店方面有着非凡的才能。他一开始就把旅店当做一种"企业"来经营，把它看作不动产，只要有机会，就以最低的价钱购买那些将要倒闭的饭店，经过改造翻新之后，再找时机以高价卖出去。

坐落在纽约市派克大道上的"华尔道夫——亚斯陀利亚"宾馆是世界名人朝见的圣地，是上层贵族的高级寓所，纽约的高级社交中心，也是很多人梦寐以求的地方。

1947年10月，希尔顿终于买下"华尔道夫——亚斯陀利亚"。希尔顿从看上华尔道夫这位"王后"到最后得到它。整整用了18年的时间。他终于登上了美国旅馆业的王座，成为真正的"旅馆业大王"了。

希尔顿还敏锐地把握时代的动向，在希尔顿饭店遍布美国各地时，他又实施向海外拓展的战略，一时间，在世界各大城市的土地上，一个又一个希尔顿饭店拔地而起。如今，"希尔顿集团"的旅店已遍布全球，达到210多家，希尔顿成为了世界的旅店大王。

企业家的精神就是能够经受住连续压力的能力。**这个能力是无论在任何情况下，都要具备坚韧的意志力和忍耐力。**

忍耐并不是一个抽象的概念，关键要在具体环境里能理智分清：什么重要，什么不重要；什么是原则问题，什么是非原则问题；什么必须现在解决，什么可以暂缓解决。

忍耐就是等待时机，就是伺机而动，忍耐能让人获得机会，争取更大的空间。

一个人若想取得成功，首先就得学会忍耐，在该忍的事情上不懂得忍耐，最终误的是自己。不管在什么时候，我们不该逞强的时候，就一定要示弱。当时机不成熟时，一定要忍耐，等到时机成熟时再出击，才有可能取得胜利。

记住：忍耐，伺机而动，才能取得最后的成功。

行动指南

忍耐力，意味着脚踏实地地准备和默默地寻找最恰当的机会，这是一个耐得住寂寞的过程，是企业领导人取得成功所必备的素质。

第三章
自我约束

领导者应以最高标准来要求自己。并且要自我约束，做到自律、谦卑，绝不忽视每一个细节，否则，企业就会因制度的缺失、管理的不到位或执行不彻底而失去战斗力、竞争力。没有高标准、高要求就没有高动力。企业领导坚持最高标准要求自己，就会成为卓越的领导人；企业只有不断地坚持最高标准，才能成为伟大的公司。

➤ 打消傲气——Free Markets 公司高级副总裁戴夫·麦考梅克
➤ 做到最好意味着要以最高标准要求自我——频率电器董事长约瑟夫·富兰克林
➤ 要征服世界，首先要战胜自己——商业大亨约翰·阿比札伊德
➤ 准时——商业大亨康内留斯·范德比尔特
➤ 标准化作业——金融大亨约翰·麦克
➤ 重视细微末节——UPS 创始人吉姆·凯西

打 消 傲 气

在西点,它尤其是能打消一个人傲气的地方。我生长在一个小镇,在这个小镇,我还是比较优秀的,并且是一个运动队的尖子。我来到西点之后发现,我的学友中 60% 是运动队的尖子,20% 是所在中学的优秀生。今天你是一个小地方优胜者,明天你只是许许多多强者中的微不足道的一个。

——西点毕业生、Free Markets 公司高级副总裁　戴夫·麦考梅克

脚踏实地去实现自己的理想,不张扬是领导者应该拥有的优良品格。作为领导者,主要任务就是解决很多未知难题,首先要懂得自己还有不少的东西还不了解。

谦卑是一个非常难得的气质。谦卑对企业领导者而言是十分重要的,因为它会证明一个人的品德。其实人类是脆弱的生物,每个人有自己的缺点。因此我们认识到自己的强项,以及不太好的地方,对于自我意识和保持谦卑是很重要的。

"是西点军校教会我谦卑。在西点 24 小时运转的领导实验室里,我们获得谦卑的品质。作为领导者,如果没有跟随者,那么他就一无是处。你应该明白,你站在领导岗位并不是因为你比别人聪明。一旦你以为你什么都懂,那么你就完蛋了。"

"西点教学员是如何做到将战斗与商业浑然天成的。西点执行艺术是自信与谦卑的综合体。西点最为看重的领导人的特质是谦卑,因为这通常是区分好的领导人与伟大的领导人的重要界限。假如没有谦卑,就无法跨越从优秀到卓越之间的界限的。"

Free Markets 公司高级副总裁戴夫·麦考梅克认为，**其实，谦逊绝不仅仅是一种日常伦理，它应该是而且其实一直是一种成熟的商业伦理，更是一种商业战略。**

管理大师吉姆·柯林斯把谦卑作为他所发现的"第五级领导者"的核心品质。柯林斯经过 5 年精选出的 11 家最卓越企业的领导人，居然就像一个模子里刻出来的。他们都不约而同地与锋芒毕露、媒体宠儿、社会名流无缘无分，反而都沉默寡言、性格内向，不出风头，甚至谦恭害羞，而且他们似乎也不在意空降明星那样的天价薪酬。但同时，他们又都是不屈不挠、坚持理念、为企业献身之强人。

达尔文·E·史密斯从 20 世纪 70 年代起担任金佰利·克拉克公司的 CEO，他带领该公司从一家平凡企业成长为业绩超过通用电气、可口可乐等大公司的卓越企业。史密斯为人谦逊而害羞，不爱抛头露面。他退休后总结自己的成功经验时仅仅说："我从没有停止过努力来胜任这项工作。"但是，这样一个人却从不软弱和犹豫。上任不久，他出售了公司的核心业务——造纸厂，并大量投资于纸制消费品，如面巾纸、一次性纸尿片等。这是一个非常有争议的举措，招致了大量的批评和嘲讽。但最后，金佰利·克拉克成为世界第一大纸制消费品生产企业，并收购了其主要竞争对手斯科特纸业。

像斯科特纸业的阿尔·邓拉普、克莱斯勒公司的李·亚科卡和乐佰美公司的斯坦利·高尔特获得的关注都比达尔文·E·史密斯要多得多。他们是富有的封面明星，他们的自传跻身畅销书排行，他们一旦退休还有优厚的津贴。但是，他们的长期业绩却无法与史密斯这样沉默且低调的领导相匹敌。

柯林斯研究表明：卓越企业的领导人，相似到简直是一个模子刻出来的：这些领导者清一色地谦逊平和、少言寡语、低调安静，只是一心一意做好自己的本职工作，使自己的企业走在本行业的世界前沿。他并指出：过强的自我意识极易导致企业的失败。**真正的好领导都是兼具个人谦逊品质和钢铁般职业意志的矛盾混合体；而拥有非凡个**

人魅力的领导在实现个人志向方面能够获得惊人的成功,但却不善于建立卓越的公司并使其持续发展。

　　在一个有魅力,但又自大的人物的领导下,虽然企业能够获得突飞猛进的发展,然而最终会衰落下去。比如,李·亚科卡曾经将克莱斯勒从破产的边缘拯救出来,并创造了全美企业史上最著名的扭亏为盈的案例。在他任期的大半时间之内,克莱斯勒公司的股票涨了29倍。可是从这以后,他开始将注意力转移到怎样使自己成为全美企业史上最有名气的CEO上来。李·亚科卡个人做过很多次电视广告,甚至还考虑去竞选总统。李·亚科卡曾经说过:"管理克莱斯勒公司比管理一个国家的工作量还大……我可以在半年之内将全美的经济管理好。"李·亚科卡还出版自己的传记,李·亚科卡的自传发行了700万册,从而使他声名鹊起。当他到达日本时,他被许许多多的崇拜者们团团包围,就像一个摇滚歌星的架势。他个人的股票一路狂飙。可是在他任期的后期,克莱斯勒公司的股票下挫了31%。

　　在李·亚科卡退休之后,虽然克莱斯勒公司又经历了一段短暂的辉煌。可是由于公司本身潜在的弱点,使得它最终被德国汽车制造商所收购。当然,作为一个独一无二的公司,克莱斯勒的衰落也不能完全归咎于李·亚科卡(毕竟是下一代领导层决定把公司卖给德国的)。然而事实上是:李·亚科卡在20世纪80年代早期创造的辉煌业绩并没有持续下去。克莱斯勒公司也没有成为长盛不衰的卓越企业。

　　一旦企业领导让自己成为大家关注的焦点,而并不是一些事实的情况,则这家企业肯定要走向衰败,或者更糟糕。这就是为什么谦卑的企业领导与自负的企业领导相比,谦卑的企业领导往往会有更好的表现。

　　因此,对于这些有着强烈个性、个人魅力十足的领导者来说,有必要认识到,个人魅力可能是一种财富,也可能是一种债务。

戴夫·麦考梅克指出：**卓越企业 CEO 看来有点像豆腐，他们是正餐的一部分，重要的营养贡献者，然而他们并不突出自己。**

首先，我们把谦卑的概念定义一下，它不是单纯的谦虚。具有谦卑品质的领导者：一是他的崇高使命感；二是，自知自己微不足道，有很多局限性；三是，责任感，行事低调，凡事喜欢走在后面，不喜欢走在前面。这种性格的领导者，往往多听少说。

行 动 指 南

谦卑，对领导者来说是一种难得的品质。一个谦卑的人会比较知道自己的缺点；与此同时，他也会比较欣赏别人的优点；他还不断地追求进步。

做到最好意味着要以最高标准要求自我

西点所做的,说到底就是允许而且鼓励学员尽善尽美——使他们明白,做得最好就意味着要以最高标准来要求自我。

——西点毕业生、频率电器董事长　约瑟夫·富兰克林

在经营企业的过程中,领导者应以最高标准来要求自我,绝不放松每一个细节,否则,企业就会因制度的缺失、管理的不到位或执行不彻底而失去战斗力、竞争力。

西点毕业生、频率电器董事长约瑟夫·富兰克林,就是以最高标准来要求自己的卓越领导人。

约瑟夫·富兰克林,美国西点荣休少将。1951 年进入西点军校。1963 年,他受命掌管世纪营的核能研究站。70 年代他任职于五角大楼,担任过参谋首长联席会议主席助理。1979 年提升为准将之后,富兰克林在西点军校任军事长。1983 年,他被提升为少将,并且担任美国联合军事顾问团团长。1993 年,他担任频率电气公司的董事长兼 CEO。

"在西点军校有这样一个认识:'战场上没有亚军,落实战斗力标准就要从严,没有任何可以通融的余步'。因此,为了确保战争的胜利,在每一次战斗前夕,指挥员在给作战部队下达命令时,总会反反复复地强调作战前的准备工作是如何的重要,并且强调一再以最高标准来要求自我的重要性。"

约瑟夫·富兰克林认为,坚持"最高标准来要求自我"是军队保持

战斗力的有力保障。如果平时放松要求，在战场上就会造成更多的流血牺牲。

商场如战场，在经营企业的过程中，领导者也应以最高标准来要求自我。无论发生什么情况，都不能降低工作标准，更不能不要标准。领导者在坚持"高标准，严要求"的同时，绝不能放松对企业的全面管理，否则，"标准"和"要求"都无法落实到位。

约瑟夫·富兰克林说，如果你想成功，必须明确自己的追求，并且要明确付出多少代价才能把它搞到手。因此，你应该设定具体的目标，而且目标要详细、周密——作出到达目标的行动计划，尽最大努力去完成。在未实现目标前必须以目标的最高标准来要求自己。

约瑟夫·富兰克林讲的所谓**"实现目标之前就以目标的最高标准来要求自己"**，就是**"将自己成功时的形象，放到愿望世界"**。这样放进愿望世界里的形象就成为人的动力，人将会有强烈欲望去积极采取有助于自己取得成功的行动。因为成功始于态度，指的就是这样的过程。工作必须以最高的标准来严格要求自己，而这种要求对人产生效果的原理就是通过这样的行动选择而表现出来的。

在日常生活和工作中，大家经常会有如此体会：如果没有高标准和高要求就没有高动力。当问到那些成功人士时，为什么你能创造奇迹般的业绩？他们虽然回答各种各样，然而有一点很相似：就是对自己都有很高的要求。他们会努力把工作做好，要求自己能够使领导和客户百分之百地满意，要求自己能够为公司创造真正的利益与价值。正是因为他们拥有了如此的高标准和高要求，他们才有了很强的内在动力，朝着成功的目标努力。

麦当劳创始人雷·克罗克说过："我很注重于细枝末节。若你要想经营出色，就应当使每一项最基本的工作都尽善尽美。"

20世纪50年代，在麦当劳的草创时期，其创始人雷·克罗克树立"三个标准"——质量、服务和清洁。过了几年之后，他又多了"一个标准"——价值观。即使从现在的眼光看来，雷·克罗克提出的这四项标准，对于快餐业的发展来说都很重要，以至于任何一家企业，均不能逃得掉这一"最高标准"。雷·克罗克在麦当劳的示范店里，通过自己的亲身体会展示了他对于清洁的高度重视，并希望每个人都能做到的。

当大家第一次听说麦当劳的"最高标准"之时，人们不得不克服自己与生俱来的怀疑思想——这家餐馆能够传递这样完美的价值观，它的一个汉堡包只有15美分。尽管这样便宜，但其质量仍然一流。

麦当劳餐馆设施的设计也有利于消除顾客天生的抗拒，其内部照明很好，密闭的厨房四周都是明亮的玻璃，顾客可以亲眼见到新鲜的原料，在清洁的环境下被加工成食物的操作过程。其清洁度使顾客更容易信任产品的质量和价值。

窗明几净的干净环境，是吸引家长带孩子来这里的很重要的因素，这很有利于推行克罗克要使麦当劳成为"全家都喜爱的地方"战略。

弗雷德·特纳变成了克罗克的忠实员工，并迅速从烤肉工晋升为管理者。1958年，他制定了一份麦当劳经营的操作标准，这份操作标准长达75页并装印成册；其中大半内容都与细节的清洁过程有关，它使顾客对麦当劳的"最高标准"清洁，不容置疑。

如果用最高的标准来主动地要求自己，则任何事情都能够做到最好。

工作的意义就在于把事情做到尽量完美，而不是做五成、六成的低标准；甚至到最后完全走形而面目全非，应以最高的标准来要求自己。

美国一家企业的管理人员在谈到对员工的要求时是这样认为的："对员工的最高要求就是，在他们的心中为自己树立一个标准，而这个标准必须符合他们所能达到的最佳状态，并指引他们达到完美状态。"

在现代的各种公司中,公司对员工的要求已经由原来的规定怎么做,员工只要老老实实照做,变成了员工自我加压、自我完善。而这种转变则要求员工应当要按工作的最高标准来要求自己,只有这样才能达到自我管理、自我发挥的状态。

对企业领导者而言,要用最高的标准要求自己,在工作过程中,就意味着做到让顾客百分百地满意,让顾客感受到超值的服务,这也成为一个优秀领导人的唯一标准。如此标准在实际工作中,一是能够造就优秀的管理人,二是能够造就伟大的企业。

行 动 指 南

企业领导坚持最高标准要求自己,就会成为卓越的领导人;企业只有不断地坚持最高标准,才能成为伟大的公司。因此企业领导应以最高的标准来要求自己、去发展自己的企业。

要征服世界，首先
要战胜自己

一个人想要征服世界，首先要战胜自己。

——西点毕业生、商业大亨　约翰·阿比扎伊德

企业领导者必须先管好自己的同时，才能管好下属。自律对领导者来说是相当重要的。自律是一种最难得的美德。热忱是促使领导者采取行动的重要驱动力，而自律则是引领领导者行动方向的平衡器。在管理过程中，一个有能力管好别人的人未必是一个成功的领导者，只有有能力管好自己的人才是好的企业领导者。

自律是指人们能够自觉地控制自己的情绪和行动。既善于激励人们勇敢地去执行采取的决定，又善于控制那些不符合既定目标的动机、行为和情绪。**自律是坚强的重要标志。**

要想成功，就要战胜自己的感情，培养自己控制命运的能力。

商业大亨约翰·阿比扎伊德说过："一个人想要征服世界，首先要战胜自己。"

"在西点，如果学员们因为恐惧而自己败下阵来，那么，他就将受到严重惩罚。这比因能力不足而做不到更让人瞧不起。西点特意强化学员们的心理素质训练，目的使学员们成长为心理上的强者。学员们要寻找自己心中的敌人，彻底地消灭它！其中，恐惧就是要消灭的第一个敌人。"

约翰·阿比扎伊德认为，对于企业来说，最大的敌人是自己而竞争对手。惟有认识自己，才能战胜自己；只有战胜自己，才能征服

一切。

约翰·阿比札伊德毕业于西点军校，还曾担任西点教官。他回忆起在西点那段岁月，感受最深的是自律对人生具有重要意义。他说：

"在西点，自我约束是一种非常注重的性格品质，它与诚信品德一样，一直贯穿于学员行为当中。"这是西点军事职业教育发展总方针，因此，西点要求每个学员能成为自觉精神的战士。

西点从学员进入军校开始就着重强调纪律的重要性。在西点，每个学员必须放弃很多权利，过一种受到严格约束的、纪律严明的生活。学员们不能擅自作决定。西点军校就如同一个大熔炉似的，它要求每个学员重新塑造自己，目的就是使得每个学员能真正认识自己，从而为美好的未来打下良好的基础。

西点对纪律的要求，是非常严格的。开始大家都只是把它看作一种形式，时间一长习惯成自然，学员逐渐地把军校的目标变成了个人目标，把原本强调的行为变成了一种自然的行为，变成了自觉的纪律。

约翰·阿比札伊德说："如果一个领导者缺少自律，你就会发现无法完成分配的任务。这是我发现的在军队服役经历对于未来领导者最重要的作用：这是培养自律品质的最好经历，因为军队是有组织地、专注地去做这件事。我相信，西点军校严格的军事训练为每个学员提供了前所未有的最好的成长经历。"

"在西点军事训练中，严于律己与严于律人并重的领导力培养理念，是使得每个学员卓尔不凡的重要动因，值得企业领导者去学习借鉴。"

约翰·阿比札伊德认为，当今不少的企业领导，总是一味去要求自己的下属，却放任自己。实际上，如果一个人没有能力管好自己，就一定没有能力管好他人的。作为一个领导者，首先自己要自律，才能律人。若他自己做不到律己，就一定会导致负面的影响——下属会对自己的领导失去信心，那么企业必然会因此而走向失败。自律是领导者具有坚强意志的一个标志。

史蒂·鲍尔默是微软公司首席执行官。在这个卓越的企业中,如果说比尔·盖茨是战略家,那鲍尔默就是行动家,并且,鲍尔默这个行动家的执行力是非常卓越的。而这完美的执行力,则是依靠他的自律力来维持的。鲍尔默在工作上非常严厉,可他并不是那种只会严格要求他人的领导者,他深深地懂得律人必先律己的道理。他要求下属努力工作,首先是从自己做起,他自己也是个典型的工作狂。

与此同时,他认为,若一个企业领导者经常说空话,那么他是不能获得下属的尊重。要下属做到的,自己应该先做到。因此,在微软公司没有高高在上的领导层级,也没有具体事不做,只分派员工去做的纯管理者。

努力工作,一贯是鲍尔默实践管理的原则。他要求微软的管理人员,对公司的一切事务了若指掌。因此,他孜孜不倦地关心着微软公司的每件事情、每个工作细节,成为了公司员工的榜样。

鲍尔默提倡家庭式的管理方法,他要求所有的经理人都关心员工,让公司员工感觉到微软公司是一个大家庭。鲍尔默从来没有忽视自己的责任,在生活上非常关心每个员工,他常常提醒公司员工不能因为工作而透支自己的健康,又亲自下令各个部门主管从严制定切实可行的康乐保健措施,以保护每个员工的健康。

对任何一家公司来说,想要成功就必须有一个严于自律的领导者。企业领导者是自己最严格的监督者,不管什么要求,都应当先从自己做起。这种自律,最能让公司员工受到极大的感染,最能让企业领导者建立威信。

德鲁克说过:“领导者首先要管理自己。领导者能否管理好别人,从来没有被真正验证过,但领导者完全可以管理好自己。”

管好自己,那才是管理别人的起点。当你不能管理自己的时候,你便失去了所有领导别人的资格和能力。当一个人走向卓越之时,千万先将自己管理好,管理好自己的行为、金钱以及人际关系。管理好自己,被大家称为"自律",这样很多相似的品德就有了。只有管理好自己的时候,才取得了领导他人的资格,在企业中成为最好的员工。其他员工多少有些放纵,而你是最好的员工,因此公司所有员工会信任你,所有员工才敢把命运寄托在你,一个首先管理好自己的企业领导者身上。

所以说,管好自己其实就是自律,是领导者的一种重要的品质,同时也很容易被许多人所忽略的。不少企业的领导者管理方面做得非常好,可是在自律上不太注重,许许多多领导者都是因为放纵自己以及放纵自己的欲望,造成战略上多样化、企业内部等均受到影响,更甚者会导致企业失败。

英特尔前首席执行官安迪·格鲁夫劝告企业领导者说:"不管你从事哪个行业,你不仅仅是别人的员工,而且你还是自己的职业生涯的员工。"他这样说的也是这样做的。他说:"我是工程师的出身,而如今是高科技公司的经理人。与此同时,我也与你一样,是我自己职业生涯的老板,每天都应该提高自己的业绩,为我客户提供更好的产品和服务以满足他们的需求。"

因此,企业领导者是自己的员工,也是自己的老板。你应该要对自己的人生负责,而且为自己制定战略得以执行。

很多成功的企业,都是善于自律的企业。他们的领导者均具有如此特点,就是很善于控制自己。这些人很清楚自律者才能律人的道理,很明白以身作则的作用。因而他们在任何方面都是一个行为的标准。这为他们树立了很好的威望,获得了员工的拥护,从而使得很多决策能够很好地被执行。

行动指南

领导者应善于管好自己,能够在工作中自觉地、理智地进行自控和自律。自律对于企业领导者来说更为重要。无论一个领导者有多么过人的天赋，如果他不运用自律，就绝不可能把自己的潜能发挥到极致。自律可以促进企业领导者步步攀向高峰，也是企业领导者的领导力得以卓有成效地维持的关键所在。

准 时

做事成功的秘诀之一就是要准时。在西点，有一条惯例是，当学员迟到的时候，就要背诵当年拿破仑因延缓一分钟而兵败滑铁卢的故事。

——西点毕业生、商业大亨　康内留斯·范德比尔特

"时间就是金钱"，现在的人们已经知道时间的重要性，但**对于军队来说，时间关系到任务的成败，甚至会影响到自己的生命**。历史上有很多的战争都是因为仅仅在时间上差了几分钟而使战争发生逆转。在企业里，准时、守时同样重要。因此，**做一个准时、守时的人，对任何人来说都非常重要**。

滑铁卢战役中，在决定生死存亡的关键时刻，拿破仑和格鲁希就因为晚了 1 分钟而被敌人打败，布吕歇尔按照命令能准时到达，可是格鲁希晚了一点，正是这短短的 1 分钟，从而导致拿破仑被送到了圣赫勒拿岛上，成了阶下囚。

由此可见，准时、守时对于交战的双方来说，都是非常重要的。

在西点，学员们对时间的教训来自拿破仑的经验。西点对守时都有极其的严格的规定，无论何时，学员都不能迟到，否则，将受到最严厉的惩罚，甚至会被开除。

因此，西点每个学员都养成准时的习惯。一个出操经常迟到或者开会常常迟到的学员，根本无法在西点中立足的。这样的学员即使是一个很诚实的人，迟到因为是出于其他的原因，然而不管任何原因都不能成为理由，都难以弥补不准时给他带来的不良影响。

康内留斯·范德比尔特说："我的成功,其中一个很重要的因素是守时。准时是商人的良好习惯。"

范德比尔特是西点毕业生,在西点学习期间,他养成守时、守信的好习惯。在19世纪末20世纪初,范德比尔特是美国亿万富翁的代表之一。他是著名的航运、铁路、金融巨头,美国史上第三大富豪。

范德比尔特的成功,靠的是守时、守信。范德比尔特自己很清楚,给他带来财富的不是做好人,而是他能够以较低的价格为客户及时运送货物的声誉。那些把货物托付给范德比尔特的农夫、采石工、制革工,他们一点也不在意范德比尔特的个人习惯,也不在意范德比尔特对慈善事业的兴趣。他们只关心范德比尔特能够承诺并做到准时的服务。虽然范德比尔特出了名的精明,从不让他人从他身上讨到半点便宜,可是他信守诺言、遵守合约,尽自己最大的努力兑现自己的承诺。

在创业初期,范德比尔特做摆渡客人的生意。单程票价为18美分,双程票价为25美分。很多乘客都是准时往返的常客。范德比尔特迅速就赢得了守时的声誉。在那个用风做动力的航海时代,能做到这一点非常不容易。范德比尔特有着很高的航行技术,必要的时候,他会利用木桨来完成航程,他能准时、甚至提前把客人们送到目的地。他从来没有因坏天气而取消过航程,只要客人有胆量,再大危险的航行他也毫不畏惧。

有一天,一位将军问范德比尔特是否能够穿过风暴,把他的部队送到曼哈顿。范德比尔特回答说:"没问题。"他准时完成了这次航行。当到达终点之后,将军和他的士兵都说整个航程中他们没有舒过一口气。

范德比尔特从来不放过任何生意。他在商业上拥有非凡的天赋,靠帆船航运起家,而后他紧跟形势转入了蒸汽船和铁路行业,他创建了美国第一个铁路联运系统。范德比尔特守时、精明和冒险精神成就了他在美国商业史上的赫赫有名地位。

范德比尔特认为，准时意味着成功，准时意味着胜利。

延期是有效使用时间的最大敌人，延期的结果常常是误事或拖到最后仓促决策，从而给企业带来损失。我们可以想象，如果我们和其他单位签订的销售合同中，注明了发货日期是 18 号，但到了 20 号，货物还未发出，这样，对方还愿意和我们有生意上的来往吗？肯定不会！如果我们事先和某银行行长约定第二天早上 8 点 30 分到达该行，商谈贷款的事宜，但第二天上午 10 点钟已过，我们还未到达该行，你想，对方还会愿意贷款给我们吗？绝对不会！

尼古拉斯是一家公司的销售主管。一次，他代表公司和 HF 公司签订了一份销售沙拉酱的合同。合同规定，尼古拉斯的公司必须在本月 14 号前将货发往位于旧金山的 HF 公司，如果违约，则按总货款的 15% 赔偿违约金。

签完合同后，尼古拉斯的心情好极了，他回到公司后，向经理汇报了签约的情况。经理说："交货的日期很紧，你应该跟生产部门沟通一下，让他们抓紧时间生产，否则，到时交不出货，麻烦就大了。"

"好的，先生，我这就去。"尼古拉斯说完，转身朝生产部门走去。

"嗨，伙计，昨晚国王队对森林狼队的那场球赛你看了吗？"经过财务部门时，财务主任亚迪喊住了尼古拉斯，他俩都是国王队的忠实球迷。

"当然，太精彩了！"尼古拉斯拐进了财务室，和亚迪讨论起 NBA 球赛来。到下班时，他才想起告诉生产部门加大生产力度的事。于是，便起身准备到生产部门，但一出财务室的门，他突然想起晚上和大学的几位同学有个聚会，便想："离发货时间还有好几天呢，用不着着急，明天再告诉他们也不迟。"

第二天一上班，秘书处送来几封需要他亲自处理的商业信函。尼古拉斯不耐烦地接了过来，开始拆信函、回信，一会儿又是不停地接电话，就这样，他把要告诉生产部门的事忘到了九霄云外。

直到 13 号下午,在经理召开的一次公司中高层会议结束时,经理喊住了刚要走出会议室的尼古拉斯:"发给 HF 公司的货都备齐了吗?"

"什么?HF 公司的货?啊!上帝呀!"尼古拉斯猛然想起来。由于近期沙拉酱的销量很好,公司几乎是零库存,但尼古拉斯早就把让生产部门加班生产的事忘得一干二净了。

"怎么?有问题吗?"经理问。

"哦,不,没有!先生。"尼古拉斯慌忙回答说。

经理怀疑地瞪了他一眼,走出了会议室。

尼古拉斯急忙冲向生产车间,说明了自己急需 2 吨沙拉酱。

但车间主管告诉他,说:"伙计,这根本不可能!今天上午生产的刚运到洛杉矶去了,明天你需要 2 吨货,即使所有工人整晚不休息,也不可能完成任务,更为严重的是,库存原料快没了,到明天上午才能到货。"

"请你帮帮忙吧,我明天必须要发货!"尼古拉斯几乎是哀求生产主管了。

"伙计,不是我不帮你,而是根本没法帮。如果你提前两天告诉我,就不会出现今天的局面了。"

第二天,由于无法准时发货,尼古拉斯只好通过电话向 HF 公司说明了情况。HF 公司一听,对尼古拉斯的不守时很是气愤,原来他们已在各大商场打出了广告,说明 14 号有尼古拉斯公司生产的新鲜沙拉酱,欢迎顾客们购买。

尼古拉斯连忙找出各种理由向对方解释,但 HF 公司还是通知公司的律师,起诉尼古拉斯所在的公司,要求获得经济赔偿。

事后,经理毫不犹豫地解雇了尼古拉斯。尼古拉斯为自己的不守时付出了沉重的代价。

守时是纪律中最原始的一种,不论上班下班约会都应该准时,守时既是信用的礼节,公共关系的首环,也是优秀业务员必备的良好习惯。

由此可见,做一名严格守时的员工,是每一位在职场打拼的人士必须牢记的金科玉律!

行动指南

在企业中,如果管理者没有时间观念,不仅工作绩效差,而且也会给公司带来不良的影响。不管管理者如何优秀,如果他不会管理时间,不会抓紧每分每秒,就有可能使企业遭到对手无情的打击,从而导致本企业的最终失败。因此,身为管理者,就必须重视时间,并能有效地管理时间,让时间的价值得到充分的体现,唯有如此,企业才能够得到长足的发展。

标准化作业

西点严格要求每一位学员无论在什么地方、什么场合都应该具有得体的言行举止,尤其要注意保持服装的整洁、统一,保持良好的仪表,并且每一位军人都有责任保证:无论何时都达到这些标准。

——西点毕业生、金融大亨 约翰·麦克

标准化作业是使企业起死回生、具备竞争力的前提。没有标准,不注重每一个细微末节之处,这样的企业不可能战胜对手,更不可能成为该行业中的佼佼者。

约翰·麦克担任摩根士丹利 CEO 当天,他将自己的抱负传递给所有人:"我们要成为领袖,并要告诉华尔街:我们所代表的就是标准化。"

而对于"标准化",约翰·麦克把它解释为:"首先要提高企业核心竞争力,必须从企业规范化管理抓起。我们要有健全的系统与管理制度,要让我们系统里的每个人专业化的互动。"

在美国西点军校,学员们在室内、营区、上课、体育活动、外出等的着装都十分严格,任何学员都不能违背。西点军校甚至对学员穿着每件衣服都有规定,例如:什么时候穿长大衣、短大衣、灰夹克、室内便服、雨衣、鞋袜等,什么时间、什么场合、怎样存放、存放的秩序等都做了具体的规定。

当学员在教学楼内时,必须按下述规定着装:

灰夹克、大衣和学员雨衣应将拉链全部拉上,纽扣全部扣好。外套和套鞋应脱在教室外面,挂在衣钩上。不管在什么情况下,都不得将衣服挂在窗台上或者乱放在地板上。在特殊情况下,在华盛顿大厅语言及计算机实验室和制图、绘图室,从"宿舍区学习"的号音起至离开宿舍区,学员都可以穿体操服或配发的灰色圆领长袖运动衫和裤子。但是在这些区域内不允许穿便服或"学习服"。

学员在整个学习期间只能穿刚入校时统一发给的、补发的或后来从学员仓库及学员物资补给处购买的衣服。无论何时,未经连队战术军官特别准许,不得借穿他人的衣服。

在西点,良好的姿势被视为军官军人仪表的重要组成部分。学员走、坐、立都要保持身体笔直。不能当众坐在或靠在栏杆或墙上,也不能坐在教学区或公共建筑内过道的地板上。

一般情况下,军队有别于地方的一个方面就是标准化。在地方,做什么都相对散漫、自由,没有一个统一的标准。但军队却不同,军队强调的就是"高标准",特别是在训练中的每一个细节,都要体现出标准,绝对不允许有丝毫的差错与马虎。

商业大亨约翰·麦克认为,西点之所以能够取得辉煌的成就,就在于它在创建之初制订的西点军校军规和荣誉准则。正是有了这一整套非常完善、便于操作、执行到位的军规法则,规定了学员着装、礼仪、态度等各方面行为规范,才把普通学员培养成了国家的精英人物。

事实上,不仅仅是军队需要标准化、一体化、规范化的作业,企业也如此,因为标准、一体化带来的是高质量、高效率。

肯德基快餐之所以在中国开一家红火一家,就是因为其在经营的过程中,是标准化的作业,而中国的"荣华鸡"等快餐之所以在与肯德基的叫板中败走麦城,其中最关键的原因就是"荣华鸡"在产品背后很多深层的管理方面没有实行标准化,缺少一套严格的标准化管理制度。

肯德基曾在全球推广"CHAMPS",冠军计划,其内容为:

C　Cleanliness 保持美观整洁的餐厅;

H　Hospitality 提供真诚友善的接待;

A　Accuracy 确保准确无误的供应;

M　Maintenance 维持优良的设备;

P　Product Quality;坚持高质稳定的产品;

S　Speed 注意快速迅捷的服务。

肯德基实行的"冠军计划"有十分详尽、可操作性很强的细节,从而保证了肯德基在世界各地每一处餐厅都能严格执行统一规范的操作,从而保证了它的服务质量。

肯德基在采购原料、存储、制作、服务等所有环节中,每一个环节都有着严格的质量标准,并有着一套严格的规范保证这些标准得到一丝不苟的执行,包括配送系统的效率与质量、每种佐料搭配的精确分量、切青菜与肉菜的先后顺序与刀刃粗细、烹煮时间的分秒限定、清洁卫生的具体打扫流程与质量评价量化,甚至是点菜、换菜、结账、送客、遇到不同问题的文明规范用语、每日各环节差错检讨与评估等,一共上百道工序都有严格的规定。

另外,肯德基为了保证员工能够服务到位,总公司对餐厅的服务员、餐厅经理到分公司的管理人员,都会按其工作性质的要求,进行严格培训。比如,餐厅服务员新进公司的时候,每人平均有将近200多小时的"新员工培训计划",对加盟店的经理培训更是长达120天时间。餐厅经理人员不但要学习引导入门的分区管理手册,而且还要接受公司的高级技能培训。

肯德基的每一个操作程序都有可量化的标准。比如公司规定它的鸡只能养到七星期就必须杀,到第八星期虽然肉长得最多,但肉的质量就太老,这样做出的快餐口感就不好。而包括荣华鸡在内的所有中式快餐,恐怕就没有考虑到这些,或者即便考虑过但在执行时也会打折扣。如果没有标准化,服务质量、卫生状况也就无法得以保证。

因此企业领导者在经营的过程中，就得关注每个细节，使每个细节、每个操作流程都要标准化。

企业制定的目标要统一，因为标准不统一，质量就很难保证，在检查、督促时也不易量化。标准统一不仅仅是指产品在质量上要达到同一个级别，还包括其他方面，比如产品的规格、颜色、重量、包装等，都要一致，实行标准化。在此，领导者需要注意的是，不管企业有多少家连锁店，不管这些连锁店开在什么样的地域，这些标准都必须绝对统一，不能有丝毫改变。

指标是可以量化的，是实实在在的数据，而不是一纸空文。领导者在制定各项指标时，要有具体的，可以量化的数据。如某品牌西裤的量化指标是：锁边 10 462 针，缝制针、风眼 330 针，打枣 500 针，拉枣 500 针，拉耳 800 针，针纽 160 针……最后总计 23 000 针。当然，仅仅制定了可以量化的指标还不够，管理者在工作中还应加大监督力度，强调在工作中必须百分之百地按指标操作，不能有丝毫的误差，执行时不能打丝毫的折扣。

行 动 指 南

企业领导者要想建立完善的制度体系，必须先考虑标准化。制订制度的最终目的在于执行，所以，企业领导者**必须把复杂问题变为简单化，简单问题变为标准化**，让员工便于记住，入脑入心，成为思想行动的指南。

重视细微末节

重视细微末节,以免小失误,就会导致重大的损失。

——西点毕业生、UPS 创始人 吉姆·凯西

企业管理其重心,就是要就重细节,把事情做细致、做透彻,这则是企业提升产品质量、管理水平以及执行力的法宝。

吉姆·凯西说道:"对所有人来说,熟知细节是最佳的训练,特别是面对紧急、影响重大的事情,这些知识更是管用。'细微末节是最伤脑筋的',即使是很聪明的人所设计出来的最伟大的计划,执行的时候还是必须从小处着手,整个计划的成败就取决于这些细节。"

他认为,细节决定事业的成败。1%的失误会导致 100%的失败。

在西点,新学员从入学一开始,教官们就注重学员细节精神的训练,他们一再对新学员强调必须熟知每一个细节。教官们每天都要对学员进行服装仪容的检查,学员们的皮鞋、扣环每天都应该擦亮,衬衫衣衩与裤缝必须对直成一条线。教官们还把这些细节的检查作为衡量一个学员的重要参考尺度。他们认为,如果一个不注重细节的军人,那么,他在战场上是不可能有冷静的头脑和过人的分析的,粗心大意和鲁莽行事则是军人的大忌。

西点的学员对于身边的细节都有着敏锐的感知能力。这种能力的形式,与西点的严格要求是分不开的。教官们要求学员必须学会观察细节,不能轻视一些自认为不重要的事情。因为每件事物之间都有密切的联系,而许多事情,则是由这些毫不起眼的小事所决定的。

西点通过严格的细节训练,目的让所有的学员都明白,战场上,任

何一个细小的错误，一个细节的轻视都很有可能千百万造成很多流血牺牲，甚至整个战局的改变。战场上的英雄可以威武强悍，可是决不能粗心大意。

吉姆·凯西认为，对企业管理也如此。企业领导必须重视细节管理，细节决定企业的成败。**企业成功与否，固然有战略决策方面的因素，然而更在于决策后面很多的小事是否做得足够好，是否能把这些决策真正细化、执行下去。**

作为西点毕业生，吉姆·凯西深知细节的重要性。他在创立 UPS 的初期，便制定严格准则：礼貌待客、诚实可靠、全天候服务。每个 UPS 的员工都有一本《UPS 职工道德手册》详细阐明了员工的品德、仪表、对客人说话的语气甚至走路速度等等诸多方面的规范。这样通过流程与标准，把公司决策落实到每一个细节上中去，保证了谁都能做，谁都会做，所有人的质量都一样。

吉姆·凯西注重细节精神，他在公司管理实践中处处体现出细节的执著，才有了如今 UPS 公司辉煌的成就。

目前 UPS 仍然恪守着创始人吉姆·凯西的这些标准，现在的标准更趋完善。有一个细节能够充分说明这一点，比如，司机的钥匙必须挂在哪个手指才能上车后能以最快的速度去发动车子。UPS 公司规定是每个司机都用右手的小指头来挂这个钥匙，这样便养成了一个习惯动作，他们上车便不用去找这个钥匙，往驾驶室位置上一坐，一下子就把车子发动，这样可以省了 3 秒时间。这样 UPS 公司每天可以节省了很多钱财。UPS 公司在全球每个子公司都有快递工程部，专门研究怎样压缩成本，怎样在拥挤的城市里改变递送路线。

因此，在企业管理中，作为一个企业领导者，除了掌控宏观的管理计划之外，还必须事无巨细，了解公司的细节问题。

不管是哪个企业，如果想发展壮大，都必须从细小的环节做起。只有每个环节，每个部位，每个点都做得非常到位，才能使它正常运转，不断地发展壮大。

随着市场竞争的日趋同质化，拼细节逐渐成了竞争趋势，那家公司把工作做透做深做细，在细节上比竞争对手强，便很有可能取得竞争的主动。沃尔玛在这方面就是典范。

沃尔玛公司的前身是一家开在美国西北部本顿维尔小镇上的普通商店，30多年后，它已发展成为全球最大的商业连锁集团。沃尔玛在竞争中能够取胜，主要在于它注重细节，在细节上比竞争对手做得好。

（1）注重小细节以保证顾客满意

有一个客人在沃尔玛店购买了一台果汁机，但不久它出了点小毛病。于是拿着机器和付款小票来到它的一家连锁店。营业员马上给他换了一台，并告诉客户：果汁机的价格又下降了，我们还要退给你5美元。

（2）向竞争对手学习每一个好的"细节"

沃尔玛的主要竞争对手斯特林超市开始应用金属货架取代木制货架之后，创始人山姆·沃尔顿马上请人制作了更漂亮的金属货架，并成为美国第一家全部使用金属货架的超市。

沃尔玛的另一个竞争对手本·富兰克特特许经营店实施自助销售的时候，山姆·沃尔顿连夜乘长途汽车到该店去考察，回来之后立即开设了自助销售店，当时是美国第三家。

（3）注意顾客的每一个"细节"

山姆·沃尔顿曾说："我若看不到每一件商品进出的财务记录和分析数据，这就不是做零售。"在沃尔玛，管理人员详细地记录分析每一个商业数据。沃尔玛在全球每个店铺都装有卫星接收器，每一个顾客在它任何一个连锁店进行交易的时候，顾客的年龄、住址及其购物品牌、数量、规格、总额等都全部记录下来，送入企业信息动态分析系统。沃尔玛的企业信息动态分析系统包括：客户管理、商品管理、财务管理、配送中心管理、员工服务管理。

（4）注重每一个"细节"以降低经营成本

在沃尔玛，如果员工要喝咖啡，就要在旁边的储钱罐里放上10美分。大家觉得这种管理可笑吗？这就是沃尔玛公司。

一次，山姆·沃尔顿在它的一家连锁店巡视，看到一个营业员正给顾客包装商品，随手将多余的半张包装纸、长出来的绳子都扔掉了。山姆·沃尔顿微笑对营业员说："沃尔玛卖出的商品是不赚钱的，仅仅是赚这一点节约下来的纸张和绳子线。"

为了不浪费一美元，山姆·沃尔顿以身作则。他从来不讲排场，外出时总是驾驶一辆最老式的客货两用车。若需要在外面住旅馆的时候，他总是与其他管理人员住的一样，从来没有要求住豪华套间。

山姆·沃尔顿为了赢得这 1 美元的价值，他实行了全球采购战略——"低价买进，大量采购，然后廉价卖出"。山姆·沃尔顿从服务到后勤管理每一个"细节"以降低经营成本为目的。

企业细节管理是一个系统工程，惟有企业各个环节具备了，细节的作用才能得到充分发挥。因此，打牢细节背后的基础，这是很多重视细节的企业首当其冲的工作。唯有如此，细节才能真正决定成败，企业才能真正成为商战中的佼佼者。

企业细节的管理，大至企业战略的制定和实施，小至企业日常事情管理，在企业内部各方面中均起着很重要的作用。

企业经营自然要追求利润的最大化，而实现最大化的目标过程中就要从最小化的具体行动开始。抓好工作中的每一个小事，这样企业才能通向成功的阶梯。

行 动 指 南

对企业领导者来说，要重视企业细节管理。再好的战略，再好的企业决策，最终都要落实到每一个细节的执行上。只有落实到每个执行的细节上，才能发挥作用。

第四章
完善自我

　　企业领导可以把严酷的训练看作是更加完善自我的一种方法。一个人能否领导、领导的好坏取决于他的领导技能和素质。优秀的领导者都是通过不断地积累经验和自身素质培养才得以出类拔萃的。要学会用梦想激励自己，用目标驱动人生。不断地超越自我，今天的成功可能是明天的绊脚石。每一个人都可以做得更好，关键是你有没有自我超越的思想，有没有激发出个人或者团队无限的潜能，并敢于挑战自己的极限。

➤ 6个月的魔鬼训练让我脱胎换骨——全球金融大鳄乔治·索罗斯

➤ 超越自我——国际电话电报总裁瑞德·阿拉思科

➤ 超乎常人想象的梦想是务实——商业大亨鲍勃·卡罗尔

➤ 目标引领人生——宝洁CEO麦克唐纳德

➤ 灵活经营，创造顾客——西尔斯第三代管理者罗伯特·伍德

6个月的魔鬼训练
让我脱胎换骨

我由衷地感谢当年父亲花了 50 万美元，让我在西点军校体验了 6 个月的魔鬼训练，我在西点完成了脱胎换骨！

——全球金融大鳄 乔治·索罗斯

企业领导可以把严酷的训练看作是更加完善自我的一种方法。**一个企业优秀领导者只有历经严酷的训练，才是完善自我的必由道路。**

在西点军校，每个学员都要经过"魔鬼"之称的课程的训练。新学员必须忘记自己是谁，每个学员只是一支有待打磨的箭。魔鬼训练会反复折磨，以锻炼学员的耐力和穿透力。

西点的训练营有一个悠久而古怪的名字——"野兽训练营"。他们从这一天开始为期 6 周的夏季军训。夏季军训对新学员而言是非常艰苦的。因为这是一种全新的体验——是对新学员的快速高压的测试，测试他们能否适应这一高强度环境。按照以往的情况来看，这段时期的磨炼几乎占去 4 年西点军校生活的一半，这是精神和肉体的双重磨炼。凡是经历了夏季军训的学员，对自己担负的责任更加明确，更有信心扫除前进路上的一切障碍。"野兽训练营"使他们能出色地毕业，并能胜任世界上最精锐部队的军官。

西点的夏季军训之所以称为"魔鬼"训练。其目的是"精神要素培养"，比如纪律、责任、尊严、决心、勇气、坚忍……西点就是将每个学员改造成从身体到灵魂像铜铸那样坚不可摧。而这些正是一个现代企业领导者必须具备的综合素质。

在西点军校,对学员的训练以严格著称。凡进入西点的每个学员都得重新活一回,无论吃饭还是走路,甚至思考,训练营都会教导学员体验全新的方式,从而使得西点生脱胎换骨变成一个全新的学员。因而很多富豪愿意让自己的孩子送到西点来磨炼,其目的不是让他们成为军官,而是为了改造他们的纨绔习气,炼成吃苦耐劳的本领。西点为了适应这一需要而开设了一个"特别班",这个特别班收费为5万美元,训练时间为6个月。

当年索罗斯的父亲自愿出10万美元,让他参加了这种特别班。入学第一天索罗斯就被黑人教官揍了很多拳头,一直到承认自己的错误为止。最后毕业的时候还参加了一次超越死亡的长途行军的考试。这个考试规定:不能带钱、干粮以及水。途中没有任何什么补给,只能学员自己采摘野果、野菜和野物来维持生命,步行200公里在一座指定的山上找到一块写着自己姓名的小木板。凡是坚持不住的人都有权自动退出,可是他们就拿不到特别班毕业的荣誉证书了。这个毕业考试科目是西点的前校长麦克阿瑟发明的,第一次实施就死掉了10名学员,麦克阿瑟因此被免职调往菲律宾马尼拉,但这种考试制度却一直保留了下来。这一次与索罗斯一起参与考试的学员有一半左右中途逃走了,可是索罗斯坚持了下来,第5天以后才通过这次考试,他因而获得了荣誉证书,被承认西点为"合格的军人"。

所以说,西点的训练突破了人类无法逾越的许多心理障碍,增强了一般人无法达到的体能极限和作战素质,并达到了理论与实践的很好结合,传授了独一无二的领导能力和管理诀窍。

索罗斯的故事并非特例。凡是被西点选中的都必须是可塑之才。在这里:西点对可塑之才进行的是脱胎换骨的重塑"手术"。不管你是豪门权贵,还是一般普通人,都会被制造成枪里的一颗子弹。

在西点,新生入学后首先要接受三个月的封闭式"魔鬼训练",对女学员来说也没有任何优待,所有学员都要一起接受高强度的体能训练。在如此苛刻的条件下塑造他们,在训练中发现他们的薄弱环节,并辅助个性化的解决方法,从而创造一切机会来磨炼他们的领导力。

三年后,这些学员会惊异地发现自己脱胎换骨般的变化!此时,这些学员已经成为标准的西点军人:坚毅、强壮、果断、乐观。同时,这些学员闪烁着自己独特的个性。

历经长达半个世纪的实践表明,不论多么胆小或懦弱的人,只要能从西点训练营中走出来,他也会变得勇猛无畏、坚强自信。凡是经受过独一无二的"魔鬼训练"之后,任何人均会拥有良好的团队精神、坚不可摧的意志力、超越极限的忍耐力、强烈到位的自信心、攻无不克的战斗力以及卓越的组织领导力。

20 世纪 70 年代,西点这种"魔鬼训练"开始引起企业界的注意,并快速流行起来。很多企业的人力资源部流行组织员工参加"拓展训练"和"野战军事训练营"。这些企业建设的培训项目,其实就是模拟西点的"魔鬼训练",是为了培养员工克服困难的毅力、挑战极限的勇气、善于合作的团队精神、服从大局的责任感、面对不确定因素的心理承受能力以及应变能力。

三十多年以来,美国企业界人士已经以"魔鬼训练"为荣。不少的美国企业的领导者不再满足于传统商学院"闭门造车"式的学习,转向推崇和学习西点军校"脱胎换骨"式的训练。甚至很多美国大公司将本公司的管理人员送到西点去训练一段时间。这些公司的领导者认为,只有通过魔鬼训练,才能培养出他们所需要的人才。这种西点训练不但使受训员工得到了培养,更有利于公司发掘未来的领导者。

很多美国企业把魔鬼训练称之为"磨炼之路",他们认为,员工需要近乎野蛮、残酷的意志训练。而他们又把魔鬼训练称之为"现实之路",他们认为,传播马上实用的知识;所以魔鬼训练又是"超人之路",它使人成为商场角力的强者。

当美国媒体问到曾挽救克莱斯勒汽车公司命运的前总裁李·亚

科卡如何训练和培养职业人才时,他如此说道:"将他们送进'魔鬼训练工厂'接受历练,这则是被证明过的最好方法。"

将"魔鬼训练营"引入自己公司内部的企业:NTT 公司、埃克森石油公司、通用汽车、沃尔玛、福特汽车、可口可乐、联邦快递、康柏等众多公司。

据美国调查显示,在所有运用"魔鬼训练"的公司中,其中 77％认为采取有系统的"魔鬼训练"能够减低职员的流失率及有效提高员工队伍的整体素质。

一个企业要建立一支战无不胜、攻无不克的团队,最佳的方法就是"魔鬼训练","魔鬼训练"既是培养员工和管理人员坚强意志力和团队精神的最好培训方式之一。

所以,企业领导者应当为员工提供培训、发展的机遇,从而促进他们不断成长。

行动指南

在 21 世纪每一个企业管理者都需要一套新的管理理念,以及建立一种不同的工作关系提高企业生产力,从这个意义上说"魔鬼训练"是任何企业领导者都不可缺少的工具,实际上越来越多的企业管理者以有效训练去支持员工提升表现和实现目标,"魔鬼训练"必将成为 21世纪企业培训的最大趋势!

超 越 自 我

每一个领导者都是从基层做起的,世界上没有人天生就具有领导才能,可以把握大局、处惊不乱。但卓越的领导才能可以通过训练获得。

——西点毕业生、国际电话电报总裁　瑞德·阿拉思科

超越自我,最需要的就是脚踏实地,超常发挥自己的智慧和勇气。但是,超越自我并不是强调只注重个人的成长与进步,而忽视企业的生存与发展。与企业共赢,应该成为每一个员工的最高奋斗目标。因为没有一个领导和企业会喜欢和提拔一个平庸者。

每一个人都可以做得更好,每一个人都可以做得更优秀,关键是你有没有自我超越的思想,有没有激发出个人或者团队无限的潜能,并敢于挑战自己的极限。

一个人能否领导、领导的好坏取决于他的领导技能和素质。但企业领导并不是天生就具有领导能力,优秀的领导者都是通过不断地积累经验和自身素质培养才得以出类拔萃的。

阿拉思科说,给"领导者"下了如此的定义——影响他人一起努力完成共同的目标,这听起来好像简单,而西点的管理训练,是让每个学员从实际生活中一步一步地从头学起。学习如何管理他人,如同重新学做一个成熟有用的人。

西点有一个精英训练营,教员们很注意训练公司精英。他们是通过训练对学员的领导力进行塑造和操练,而不是通过单纯的讲解。学员入学的第一天起便会发现他们淹没在一个经验的大熔炉里,西点学

校里的活动非常丰富,但步调紧凑快捷,刚一开始连思考的时间都没有。而这一切的活动和经历,4年课程中的点点滴滴都是为了教导学员怎样去管理。西点的目的是挑选出一批优秀的人才,通过这样的教育赋予他们管理他人的能力。实际上,世界上其他地方难以寻找像西点这样完备的管理训练课程。这个精英训练营有一套强有力的课程,涵盖了管理才能的各个方面。这套教学体系非常完备而严格,可以锻炼学员的身体、知识以及心灵。这样的管理教育,任何时候都是难以磨灭的。

西点相信,并不是只有少数人天生具有领导的特质,而是每个学员都具有成为优秀者的潜力。西点精英训练营始终不渝地坚信每一个学员都可以成为一个优秀的领导者。

凡是从西点军校走出来的毕业生都获得很好的成绩,使西点更相信,西点的毕业生不论在战场还是商战,都能成为伟大的领导者。所以,任何企业都可以从西点的训练中获得借鉴。

瑞德·阿拉思科认为,在商界,没有人可以坦然地说自己不愿意成为领导者,很关键的一点就是对自己的能力表示怀疑。其实,每个人都有管理潜力和领导风格,就看他怎样去开掘它。

瑞德·阿拉思科从西点毕业之后,成为一个铁路邮递员,和其他邮递员一样,用陈旧的方法分发信件。绝大多数信件都是凭借这些邮递员不太准确的记忆拣选后发送的。所以,很多信件常常会因记忆出现差错而无谓地耽误几天甚至几个星期。于是,瑞德·阿拉思科开始寻找新的方法。他最终发明了把寄往一个地点去的信件统一汇集的制度,他的发明得到上级领导极大的关注。瑞德·阿拉思科迅速地得到了重用。五年以后,他升迁为美国电话电报公司总裁。

企业领导不是与生俱来的,而是可以通过后天培养历练来获得的。没有人一步就跨到领导岗位上。很多领导者都是从最基层甚至打杂的工作做起的。

美国标准石油公司的第二任董事长阿基勃特,就是由一个普通的公司推销员做起的。

阿基勃特大学毕业后一直找不到工作。这一天,他来到美国标准石油公司参加应聘,但被告知人员已满。当他正准备走出招聘办公室的时候,发现办公桌下面有一颗大头针,便随手将它捡起来放到了桌子上。当招聘经理看到这一情景时,就马上叫他回来说:"你被我们公司录取了。"

阿基勃特这一举动,使得他幸运地成了美国标准石油的员工。美国标准石油公司是由洛克菲勒创办,它是当时世界上最大的石油生产、经销商。阿基勃特进入公司之后,尽管他只是一个小小的推销员,但他从自己的职责出发,尽力地去维护公司的声誉。美国标准石油公司的宣传口号就是:每桶4美元的标准石油。阿基勃特作为基层推销员,不论外出、吃饭、购物、付账,甚至给别人写信,只要有签名的机会,就不忘记在上面写下"每桶4美元的标准石油"。有时候,他甚至不写自己的名字,而只写"每桶4美元的标准石油"代替自己的签名。久而久之,大家都开玩笑地叫他"每桶4美元"。

有一次,标准石油公司总裁洛克菲勒无意中听说了这件事,很赞赏,于是邀请阿基勃特一起吃晚餐。洛克菲勒问阿基勃特:"你为什么这样做?"阿基勃特很自然地回答:"这不是我们公司的宣传口号吗?"接着洛克菲勒说道:"你觉得工作时间之外,还有必要为我们公司宣传吗?"阿基勃特反问道:"为什么不能这样? 难道工作时间之外,我就不是公司的一员吗? 我多写一次不就多一个人知道我们公司吗?"

洛克菲勒对阿基勃特的举动大为赞叹,开始着力培养他。到洛克菲勒退休的时候,他没有把总裁的职位传给自己的儿子,而是任命阿基勃特为公司总裁。洛克菲勒这一任命出乎大家的意料,包括阿基勃特本人。不过,大家并不感到意外,一个将公司的命运时时刻刻放在心中的人,必然会受到领导的信赖;企业领导就会把公司重任托付给他。事实证明这一结果,洛克菲勒把公司的重任交给阿基勃特是一个英明的决定,标准石油公司在阿基勃特的领导下更上一层楼。

世界上没有天生的"领导者"，**成功者都是从基层开始，一步步磨炼才干，一步步建立功勋，最后才成就大器。**

组织理论学家哈勃特·西蒙说过："一个天生的好领导，其实是具有一些自然禀赋（聪明才智、活力以及与别人互动的能力）的，但他必须通过实践、学习和经验把这些自然禀赋发展为成熟的技巧。"玉不琢不成器，同理，一个人不经过良好的教育培训即使有再好的天赋也会被埋没。

对于领导者，目光必须放得更长远，不论做什么行业，都要肯于从基层做起，虚心好学，用良好的心态去看待付出和收获，因为机遇总是留给有准备的头脑。

要想成为一个优秀的企业领导者，首先必须自信，这是成就事业的基础。唯有自信，你才能拥有良好的心态；唯有自信，你的思维才能比较敏捷。其次要善于把握机遇，机遇只会青睐有准备的人，这就要求你应当首先完善自身素质。从某意义上来说，企业领导者处理的都是宏观上的东西，因此，你必须具有远大的眼光和前景预测能力，鼠目寸光的人是成不了一个好领导者的。你必须要有丰富的知识，因为这个世界很多东西处于联系之中，不要把自己孤立起来，丰富的知识有利于你客观而周到地分析问题、并作出正确的决策。

行 动 指 南

企业领导者可以把一切不平凡的经历当作是一种磨炼，磨炼越久越显其光彩。要想成为一个优秀的公司领导者，你就应当像西点学员那样，无时无刻地不使自己处于一种思考和锻炼之中。

超乎常人想象的
梦想是务实

超乎常人想象的梦想是务实,伟大的事业源自伟大的梦想。
——西点毕业生、商业大亨　鲍勃·卡罗尔

梦想,是一个很崇高的词义!"如果失去梦想,世界将会变成什么样",很多成大业者都是源于对梦想的不懈追逐,个人如此,企业亦然!每一个成功企业领导者,必然有一个伟大的梦想!

一个优秀的企业领导人找到伟大的梦想来激励自己。一个优秀的领导者都来自一个伟大的梦想。远大的愿景不仅仅是需求进行重大变革的能力,同时也提供了激励他人的能量和灵感。这些任务——描绘一个伟大的梦想,并把他人凝聚在这个梦想周围——正是领导力的精髓。

鲍勃·卡罗尔认为,所有伟大的成功者,都是梦想的实践者和成就者,他们深深地懂得梦想可以带给人无与伦比的力量。企业的领导人既是该梦想的实践者,又是该梦想的缔造者。能给企业造一个大梦想,能激发企业成员的大梦想,用梦想去打造企业,企业才能梦想成真,个人才能梦想成真。

鲍勃·卡罗尔毕业于西点军校,获得西北大学社会学硕士学位、亚拉巴马州奥本大学公共管理学硕士学位,完成哈佛商学院高级管理项目。从西点毕业后,他被派往世界各地执行一系列的任务,包括指挥越南、科罗拉多和德国的战役,并荣获两枚紫心勋章,以嘉许他在战争中的出色表现。以上校军衔退役后,他陆续担任过纽约 Goldome 储蓄银行布法罗分行的副总裁兼人力资源总监,美国第一银行俄亥俄州

扬斯顿分行的营销和客户服务副总裁。此后受聘于五角大厦负责军队的领导力开发项目，当前是美国西点军校的军事顾问。

鲍勃·卡罗尔说，"西点军校有这样一段名言：'超乎常人想象的关注，是明智；超乎常人想象的冒险，是安全；超乎常人想象的梦想，是务实；超乎常人想象的期望，是可能。'这四句话对我的人生产生重大的影响，并把它视为行动的圭臬。"

他认为，梦想可以催人奋进。梦想是埋藏在人们内心深处的最深切渴望，它是人类创造一切美好事物的原动力。它是一种强烈的需求，能激发潜意识中所有的潜能。

鲍勃·卡罗尔再次强调"梦想的力量"，当伟大的梦想出现在头脑中的时候，就要抓住他。如何让梦想成真，就是要去"漠视不可能"。

他说，不想做将军的士兵不是一个好士兵——这是每一个西点学员都牢记在心的一句话。在西点学员心中，都埋藏着一个做将军的梦想。如果不是这样的话，他们就不可能成为一个出色的士兵。然而成为将军的前提必须是成为一个优秀的士兵，不然的话你永远不会成为将军。

每个人都需要一个伟大的梦想，突破自我。多少年来，"野心"一直是一个贬义词。然而，既然不想做将军的士兵不是一个好士兵，那么，如果没有野心的人，就很难成就一番伟大事业。

在这样的年代里，对于员工来说，没有野心，就没有卓越的成就，领导者更是如此。衡量任何一项变革创新的成功几率，有这样的问题：领导有什么样的野心？他们对于公司的未来有什么样的愿景？领导企业是否有变革的欲望？现实得出：领导寻求的变革愿望越大，那么成功可能就越大。

实现梦想是对领导者执行力的考验。著名管理学大师沃伦·本尼斯说："领导才能就是把理想转化为现实的能力。"一个只会创造梦想，却不愿或不能带领团队实现梦想的人，要么是空想家，要么是盲动者，他们最终会失去追随者，走向失败。只有带领团队不断实现梦想的人才能成为真正的领导者。

追求就是把梦想变成现实的——活生生的可以触摸得到的东西。

比尔·盖茨在谈及梦想的时候，他认为，每个人首先要明白什么是可能的，他当年的梦想是希望每个人都有一台电脑，这将会成为一个很重要的沟通和学习工具。这在当时这个梦想看起来是不可能实现的。若你有梦想，要把不可能化为现实，可以找到几个伙伴或朋友互相鼓励完成这个漫漫的征途。**但你一定要制定出一些可行的步骤，保证你每天都在向着梦想前进。**

比尔·盖茨在 20 岁的时候开始创建微软公司，31 岁时成为世界最年轻的亿万富翁，37 岁时获得美国国家科技奖章，39 岁时身价一举超越股神沃伦·巴菲特而成为世界首富。有人说，盖茨的成功，主要归功于他当初怀揣着的一个不为人知的梦想：未来在每个家庭的桌子上面都有一台电脑，而在这些电脑里面运行的就是自己所编写的软件。盖茨本人也多次公开认可这个观点，他说，正是这个梦想使他创建微软从一个小软件公司而发展成为今天称霸全球的著名企业。

1975 年，盖茨的好友艾伦来到 MITS 担任副总裁，负责软件开发。在哈佛大学刚读完大学二年级课程，盖茨也进入 MITS，加入艾伦从事的软件开发。

1975 年 5 月，盖茨这时产生了退学的想法，他希望与艾伦一起创建一家软件公司，由于当时父母的极力反对，盖茨不能立即退学。盖茨的母亲还专门请当地一位白手起家的千万富翁斯托姆同盖茨交谈，劝说盖茨打消开公司的想法，继续完成他在哈佛大学的学业。

交谈中，盖茨向斯托姆解释，他认为个人电脑时代已经来临，这则是他大显身手的好时机。他运用很有激情的语言描绘了未来远景。斯托姆被打动了，诚恳地说："只要对电子学略有了解的人，都应该懂得这的确存在，并且新纪元确实已经开启。"于是有了斯托姆的鼓励，盖茨退学的想法更坚定了。虽然他一直到 1977 年才真正办理退学手续，但那时候他的心早飞走了。哈佛大学，对他而言，这所名牌大学已经不是助跑器，而是一个负担。

两个月后，盖茨与艾伦合作创建他们的公司。为了这个公司，艾伦提前6个月从华盛顿大学辍学。"我们现在不行动的话，就太晚了。"艾伦说希望在计算机语言行业里一试身手，开始他们心中的梦想。

盖茨和艾伦他们俩一路向前，用心注入。从而给出了坚定的答案：只有执著于伟大的梦想，才能创造伟大的企业。

到目前为止，比尔·盖茨几近完成了人生的第一大梦想——让全世界每个人都能用上电脑。

对于每一个成功者都应该拥有一个伟大的梦想。然而现实中还是有不少的模仿成功方法却仍然没有成功的人，这是什么原因呢？

要将梦想变为现实，一定要做三件事：第一，目标远大且合理；第二，用适合自己的方式方法认真对待，全力以赴；第三，将目标变为现实。

假如严格地遵守了这些，那么，梦想之门就会被你的真诚、努力和坚持追求而开启！

所以说，每一个人要有远大的梦想，但要有一个合理的目标。每个成功者都有伟大的梦想。大成功则是由很多的小成功所累积，每个成功者都是在达成许许多多的小目标后，才实现自己伟大的梦想。如果不放弃，就一定会有成功的机会，若放弃，就会失败。要记住！每一个目标和梦想，都应该设定一个期限。

行 动 指 南

务虚与务实同等重要，务虚就是梦想，就是策划，伟大的事业来自伟大的梦想。敢于梦想，勇于梦想，这个世界永远属于追梦的人。

目标引领人生

我的前提是有目标的人生更好,在为人处事时遵循一套原则、价值观或道德准则更好。

——西点毕业生、宝洁 CEO　麦克唐纳德

目标管理的最大好处,也许就是使领导者,控制自己的绩效表现成为可能。自我控制意味着激励:一种尽可能作为自己最大努力而不是只求勉强通过的想法;它也意味着较高的绩效目标和较宽的视野。即使目标管理不能绝对使企业的方向和管理团队的努力具有一致性,自我控制也必然需要目标管理。

麦克唐纳德认为,过一种有明确目标的生活远比浑浑噩噩地生活更加有意义,也更能带来成就感。

麦克唐纳德说,我的生活目标则是美化生活。这体现在很多层次上:通过宝洁公司的品牌致力于美化全球 65 亿人民的生活;通过每天的工作,对他人的生活产生积极的影响。这个生活目标引导我在年轻时成为一名童子军、就读西点军校以及加入宝洁公司。大家都愿意为那些具有明确的、一致目标的领导人工作。公司领导者的工作,就是理解并促使实现公司员工的目标和梦想。在这个意义上,公司领导者的任务,就变成了一种召唤,一种职业,而不是一项简单的工作。

2009 年麦克唐纳德为宝洁公司提出了目标激发型增长战略,而他声称自己的人生是目标驱动的人生,目标,就成为他字典里最清晰的关键词。企业的雄心是他的目标,对他人的点滴关怀也是他的目标。

麦克唐纳德的目标始终是明确的就是美化生活,宝洁公司"洁净

和美化生活"的目标刚好与他的人生目标是一致的。

麦克唐纳德曾经做过童子军、西点军校生和空降兵军官,特别是在西点军校生活了五年,那是个培养了世界上50％全球CEO的地方,练就了"永远将组织的需要置于你个人的需要之前,勇于为整个组织的结果负责"的特质。

麦克唐纳德说,在西点军校,我学习到价值观。这个价值观,即将集体的需求置于个人需求之上。西点每一个学员为了一个共同的目标。这一共同目标就是"责任、荣誉、国家"这一伟大的事业。西点教育每个学员胸怀"大义",即着眼于大众的最大利益,不仅要使自己的言行有益于身边最亲近的人,而且还要扩大关怀的范围,"要想到整个军队、社会、国家和全世界"。实现目标管理的途径就是自我控制,西点军校通过服从训练和道德修炼出色地完成了学员的自我控制。

麦克唐纳德认为,企业也是如此,对企业领导者来说,领导力的提升,是靠自己不断地确立目标,持续地实现目标而达到的。有效率的领导人努力把这个过程的技巧灌输到每个企业成员的心中。领导力的提升,是企业追求既定目标的过程。不论领导个人还是公司,你的目标必须是有价值的。

目标难免在不同的人生阶段有所不同,若要从具体的各个目标去总结出一个人生的至高目标,那么这个目标等同于价值观。

麦克唐纳德的人生轨迹真的非常简单:1953年6月20日他出生于美国印第安纳州加里市,1975年毕业于西点军校,1978年在犹他大学获得ＭＢＡ学位,1980年加入宝洁至今。

11岁的时候,他的"目标"就是去读西点军校。当时年轻的国会议员,后来的美国国防部长拉姆斯菲尔德给他回了信,请小麦先生耐心等待。7年后,18岁的麦克唐纳德梦想成真,走入西点军校。

26岁的时候,他的"目标"就是到宝洁学营销。"如果要学营销,就去宝洁"。这位退役军官从销售Solo清洁剂开始他的营销生涯,他笑称当时"推销能力不怎样,如今Solo已绝迹了"。麦克唐纳德回想起最初的推销员岁月时,却不忘了开玩笑说:"每天坐公交车上下班,累得经常在回家的路上睡过头,回家时老婆总认为我喷了古龙水。"

56岁的时候,他的"目标"就是向世界上更多地区更多消费者推销宝洁。这一次,这个"发际线已有向北纬移动迹象"的中年男人,在30年的历练之后是否已蜕变为一个伟大的推销员?

一个伟大推销员从不放过任何自我推销的机会。他不放过任何一个采访推销宝洁的良机。他在记者提出22个问题的回答中一共提到16次宝洁的目标——亲近生活、美化生活。

这目标并非麦克唐纳德的原创。约10年前,宝洁总结自己的企业史并提炼出这最高纲领。麦克唐纳德只是重复强调了一个词"More"——"彻底地亲近并提升全球更多地区更多消费者的生活"。

麦克唐纳德——宝洁第12任CEO,是截至目前宝洁历史上业务面最广和最具国际经验的首席执行官。55岁,当选新任宝洁公司总裁兼CEO,从2009年7月1日上任。同时,麦克唐纳德也被选为董事会成员。

在加入宝洁公司之前经历,麦克唐纳德在1975年获得美国西点军校学士学位后,担任了5年的美国陆军上尉。他认为,领导者必须特别清楚自己扮演的角色,面对这个角色必须担负什么样的责任。这些角色包括为人上司、为人下属和为人同事,另外一个角色就是千万不要忘记自己。你怎么样让自己这个角色每一年逐步地提升,如何给自己充电,如何给自己加压,如何去学习新东西,这则是一个自我定位。能够解决好了这四个角色,你就可以继续前进,就会产生很好的业绩。

成为CEO的麦克唐纳德面临着艰巨的任务,2008年开始的金融危机对宝洁造成的影响要大于它的竞争对手。由于宝洁公司一直是走高端路线,又不愿意降低产品的价格,所以它在很多关键领域的市场份额都遭遇了缩减。在2008年这一年里,宝洁的市值下跌了16个百分点,而在2009年上半年,宝洁的市值则又下降了16%。

目前麦克唐纳德最主要任务,就是挽回宝洁公司失去的市场份额，让宝洁重新恢复往日的辉煌。

麦克唐纳德认为宝洁不需要像一些专家所建议的那样进行重建，而只需要在前任的发展策略基础上做一些改进即可。"前为 CEO 雷富礼在他 10 年的任期内让宝洁的营销额翻了一番，所以我认为他所制订的以'创新为主导'的策略是符合宝洁的发展之路。"

麦克唐纳德继承了雷富礼时代宝洁公司的口号"贴近生活、美化生活"，并将其升级为"更全面、更广泛地贴近和美化更多人的生活"。按照这条方针，宝洁继续秉承"顾客就是上帝"的原则，创造出更多顾客所喜爱的产品；采用"价格扩张"和"产品范围扩张"两种模式将产品分为适用于不同群体的消费者的种类。这两种模式让宝洁在 2009 年9 月到 2010 年 8 月所推出的产品数量比以往同期提高了近 30%。

目标，是麦克唐纳德一生当中最重要的一个词汇。他对宝洁公司提出了以宗旨引领人生的企业理念，同时他自己也是用这个理念来规划着自己的人生。

麦克唐纳德还希望网络能够在宝洁的未来发展中出一份力，尽管宝洁享有"营销界的西点军校"的美誉，然而在网络营销方面，宝洁公司做得并不好，现在其网络销售收入是 5 亿美元，只是占整体销售额的 0.6%。麦克唐纳德认为，将来网络渠道可以让宝洁简化组织，打破层级阻碍，从而使企业运营更加高效。

企业领导都要明确企业的发展战略目标，并有为该目标实现而不懈努力的信心和决心。

德鲁克说过："目标管理和自我控制使得公共利益成为每一个管理人的目标。它把外部控制代之以更严格、更有效的内部控制。"

从最高管理者到工厂主管或高级职员，每位管理者都需要有明确的目标，而且必须在目标中列出所管辖部门应该达到的绩效，说明他和他的部门应该有什么贡献，才能协助其他部门达成目标。目标中还应该包括管理者期望其他部门有什么贡献，以协助他们达到目标。也就是说,目标从一开始就应该强调团队成果。

而这些目标应该根据总目标来制定。德鲁克发现有一家公司甚至向主管提供一份详细的说明,让他不但了解自己的目标,也了解公司的总目标和生产部门的目标,结果发挥了很大的作用。尽管由于公司规模太大,主管的个别生产绩效和公司总产量相比,有如九牛一毛,但结果聚沙成塔。因此,如果"主管是管理层的一分子"是我们的承诺,那么就必须说到做到。因为根据定义,管理者的工作是为整体绩效负责。

每位管理者的目标都应该说明他对于公司所有经营目标的贡献。显然,并非每位管理者都能对每个领域有直接的贡献。例如,销售经理对于提升生产能力的贡献可能非常有限,但是如果我们并不期望每位管理者和他所管辖部门对于影响企业成败的某个领域有直接贡献的话,就应该明确说明。管理者应该明白,他在不同领域所投入的努力和产出的成果之间必须达到平衡,企业才能发挥经济绩效。因此,必须一方面让每个职能和专业领域都能发挥到极致,另一方面也要防止不同部门各自为政。同时,也必须避免过度强调某个重要领域。

为了在投入的努力中求取平衡,不同领域、不同层次的管理者在制定目标时,都应该兼顾短期和长期的考虑。而且,所有的目标也应该包含有形的经营目标和管理者的组织和培养,以及员工绩效、态度和社会责任等无形的目标。

行 动 指 南

用目标驱动人生。灵感靠目标来激发;增长靠目标来驱动;营销靠目标来指导。目标管理的主要作用之一,就是使我们能够以自我管理取代支配式的管理。领导者应该清楚地了解,哪些行为是公司认为不够职业或是不够稳妥而应该放弃的。但是在这个规范之中,每个领导者都必须能够自由决定他的职责。

灵活经营，
创造顾客

西点的原则是具有多种反应能力的人才能最终获胜。灵活运用各种战术，在最短时间内给敌人造成最大伤亡和破坏。同样，企业要在风云多变的商场获胜，就必须灵活经营，创造顾客。

——西点毕业生、西尔斯第三代管理者　罗伯特·伍德

在大多数人的心中，商业仅仅是进行买卖，你买我卖而已。然而实际上，商业并不这样。**要想经营好商业必须要有足够的灵活性，不停地根据形势的变化而灵活变通，以创造顾客。**

伍德认为，商场如同战场一样，在经营当中，商业形势的变化多端。这就需要不断地对商业形势进行认真细致的分析，作出准确的判断以后，采取必要的经营方法和策略来适应商业形势的变化。假如你对商业形势的变化不敏感，视而不见，因循守旧，并且还是运用旧一套的经营模式，那么，一定会造成经营上巨大的亏损。

伍德是一位很具特色的企业家。他从军队退役以后，用西点的军事理念来经营西尔斯公司，并获得了很大的成果。西尔斯公司之所以能够发展为美国百货商的王牌公司，与罗伯特·伍德积极变革分不开的。

罗伯特·伍德早年就读于西点军校，专攻工兵科。从西点毕业后，他以陆军中尉的身份被派到菲律宾工作。后来又被调到巴拿马，在这里整整工作 10 年时间，负责运河、铁路、工程建设以及运输补给，获得很大的政绩。然后回到美国，并退役。第一次世界大战爆发，伍

德再次奉召入伍，并晋升为将军。他主要是主持军需物资的补给、采购、运输等方面的工作，做得非常出色，获得美国联邦政府颁给的荣誉勋章。

罗伯特·伍德作为第一次世界大战的将军，退役之后，他敏锐地发现，整个美国的面貌正在发生改变：农民的收入在增加、汽车在普及、连锁商店开始出现，因而冲击到原本兴旺的邮购业务。

与此同时，一个很大的城市市场出现了。但这个市场像 25 年以前的农民市场那样，呈现出一样的闭塞，一样的供不应求。城市中低收入阶层已经逐渐富有，他们不再满足维持生计的生活标准，不再适应穷人阶层独有的习惯方式，他们很快开始拥有金钱，产生与中产阶级和上层阶级相同的购买欲望。也就是说，美国正在快速地演变为一个巨大的、统一的市场，而配售体系却仍然是一个分散的、阶级特性鲜明的配售体系。

1921 年，罗伯特·伍德向他的雇主沃德公司指出，公司有四个分销点、一个组织有效的采购体系以及良好的声誉，假如公司能够利用这些优势就能竞争过其他连锁店。而沃德公司这时正处在发展的巅峰时期，当时，在美国底特律有句脍炙人口的话是，"条条道路通沃德"。沃德百货商店很有气势，室内装修极其讲究，走廊是镶木的，门口站着彬彬有礼穿铜扣制服的侍者，吸引了大量的客人。沃德公司总裁不仅没有采纳他的建议，并在 1924 年解雇了他。这时，伍德便投奔到沃德公司的老竞争对手西尔斯公司。四年之后他被任命为公司总裁，开始全力推行他的计划。

罗伯特·伍德一上任，他便雷厉风行，决定在哪里开新店，谁将来管理。他决定把西尔斯公司的重点转向零售商店——为商店添置新的设备，向已经购买汽车的农民和城市居民提供服务。在他的领导之下，西尔斯从此向郊区发展。当时空房多，房租低，伍德看清形势后开办了一家又一家品种丰富的连锁商店，并在商店外面建立很大的停车场,从而吸引了很多搬迁到郊区的中产阶级顾客群体。

在1925年,罗伯特·伍德在郊区尝试开设了一家零售商店,马上取得了成功。零售商店在1928年扩张到192家,到了1933年已经达到400家。在20世纪20年代后期的12个月内,每隔一天就开立一家新店。有时在同一个城市一天就开立两家新店,在这些新店刚开张的12小时内,有12万多客人光临。罗伯特·伍德不断地签订房租协议、不断地开设新店、不断地进行招聘。

西尔斯公司零售商店的猛增,也对商店管理提出了新问题。然而以前成功的邮购业务,并不可能为公司培养商店管理人才,罗伯特·伍德在他任公司总裁的前几年时间里,抓紧了提拔、挑选、培养人才的工作。罗伯特·伍德重视对人才的培养,成为西尔斯公司不断发展壮大的重要因素。

此外,西尔斯公司邮购业务相对高度集中的,不多的邮购业务就可以供应全国,而遍布美国大陆上的零售商店,却不能事事都要总部直接管理,一定要有更有效、更简单的管理层次,各地区商店的独立经营和公司的统一领导,是缺一不可。既要实现总公司集中采购,又要多店铺分散销售,所以罗伯特·伍德采用了采购部门的集权管理与销售部门分权管理相结合的新的经营组织。当时西尔斯公司的管理层是董事长、负责商品的副董事长,负责人事的副董事长以及负责计划与调控的五人小组与各地区事业部长组成的管理团队。

罗伯特·伍德担任总裁期间,对西尔斯公司实施了一系列重大改革措施,其中最重要的就是连锁经营体系,连锁商店是经营性质相同的实体店铺,它们挂同样招牌,用同一店名,陈列和装潢形式也基本相似,经营的商品种类大体一致。连锁商店因其规模很大,能够统一进货(进价可以极大降低),统一宣传(巨额广告费分摊到每一店铺则又很小),在激烈的商业竞争中处于有利地位。

1931年,罗伯特·伍德又对西尔斯公司的经营进行了一次变革,他成立了一家分公司——全美保险公司。当初,全美保险公司是以邮购这一传统方式经营,把公司的各险种收费说明以目录册的形式公布于众,然后按客户寄回的保险订购单和保险费为客户上保险。后来,伍德直接在西尔斯公司各零售商店中为全美保险公司开设了柜台,使客户就像购买日用品一样方便地购买保险。

20世纪50年代,罗伯特·伍德又首创了郊区型购物中心,融商业、服务业、娱乐业为一体的购物中心,很受消费者欢迎,很快风行全美。购物中心在郊区大量出现,不仅是商业设施上的一大改革,而且对美国消费者的购物习惯、生活方式甚至城市都产生了影响。

在罗伯特·伍德30多年任期内,他使西尔斯公司不断地扩张。西尔斯连锁商店不仅在美国本土得到极大发展,而且还渐渐扩展到古巴和欧洲。1942年,西尔斯公司在古巴的哈瓦那开设了第一家美国本土之外的连锁店。1947年,西尔斯公司在墨西哥城开设了一家新连锁商店。在随后的岁月里,西尔斯公司在中北美洲和欧洲均开了商店或设立办事处。在西尔斯,伍德被尊为西尔斯"零售扩张之父"。此时的西尔斯百货公司已是全美国市场份额最大的零售商,他在这个宝座上一坐就是50多年。

西尔斯公司经历了美国社会生活方式的几次大变革,跟上了发展趋势,在稳定中增长和发展,成为美国经营最成功和最赚钱的企业之一,西尔斯公司虽然在使用高新技术领域没有巨大贡献,但它对美国消费者的购物及生活方式,都产生了很大影响。在欧美商业界享有"零售业科学院"的声望。

目前西尔斯拥有30多万名职工,仅仅印刷在商品目录上的连锁商店就有1 600多家,另外还有800多家供应商,分公司遍布美洲与欧洲的各大城市。

现代"管理学之父"德鲁克说过:"经营公司唯一正确而有效的策略,就是创造顾客。"创造顾客首先要考虑怎样满足消费者的需求、怎样认知消费者考虑的价值所在,**更重要的是究竟怎样"创造顾客的需**

求"。产品、服务、技术的创新和管理的创新,是需要全力以赴的大事。

西尔斯公司的成功有两个原因,这就是机动灵活和反应迅速。它是以松散的网络结构(像交响乐团一样)达到所谓的"灵活性"。特别是 1920 年代西尔斯公司发现他们的顾客改变了购物地点:当时的农民已经开始前往城市购物了。因此西尔斯公司才知道商店开设的地址,实为经营上的一大重要决策。该公司的这个发现,可以说比之美国其他的零售业者早了 20 多年。

对商人来说,经商要灵活机动,懂得应变。永远不要固守某个观点,要在脑海里永远充满创意,永远保持灵活性。

在不确定性日益增多和瞬息万变的今天,因循守旧是不可能成功的。每个成功商人都要有敢于创新的心态,才能与时俱进。变,是事物的本质特征;变,更是市场经济的基本形态。面对瞬息万变的市场,商人应该积极应变。

行 动 指 南

做生意不要墨守成规,而是随着形势变化而变化。只有对形势要有准确把握,才能占得先机;机警变通有先知、快速转型,才能把握先机。

第五章
允许犯错

　　企业领导人不必害怕失败,敢于创新和冒险。面对不可预测的将来,唯一的对策是:应当接受"失败则是企业发展过程中的一部分"这个前提。很多人成不了企业家的原因之一是他们害怕失败,害怕犯错误。如果没有经历这些失败,更谈不上成功。错误是无价之宝。认真研究它们,汲取教训并从中受益。犯错误变得更加聪明是企业领导者的工作,而不犯错误就是员工的职责。

➤ 每个人都会失败——商业大亨唐纳德·A·希克斯

➤ 允许犯错的卓越表现——商业大亨吉姆·塞内加尔

➤ 为错误和失败承担责任——商业大亨乔治·舒尔茨

➤ 冒险家＝进取型企业——联邦快递创始人费雷德·史密斯

➤ 敢于创新——美国在线 CEO 詹姆斯·金姆斯

每个人都会失败

从一定程度来说，每个人都会失败。西点军校让你明白这样的道理：你能做的远甚于你想的——而在某些时候，你不能再做了。

——西点毕业生、商业大亨 唐纳德·A·希克斯

在公司经营中，失败者远远大于成功者。在我们身边，失败无处不在，是难以避免的。

我们的生活总是难以摆脱失败，失败在任何时间、任何地点都有可能存在，因此生活的各个方面都会有失败的可能。

在西点军校流行这样一句话：如果畏惧失败就是毁灭进步。每个人都渴望胜利和荣誉，每个人都希望成为第一，然而绝对没有人会被失败所击倒。

纳德·A·希克斯希望企业家们不必害怕失败。面对不可预测的将来，惟一的对策是：应当接受"失败则是企业发展过程中的一部分"这个前提。也许接受这个残酷的结论，大家就会变得更加坚强，因为既然失败是不可避免的，惧怕也是没有用的，我们要选择坦然接受，然后从头再来。

希克斯认为，世界是一个非常复杂的非线性系统，让人们无法做出长期预测。商业结果取决于太多的变数，这使得最聪明的企业家也会遭到失败的打击。

在美国近代的企业史中，平均每年近10％的公司破产。从商界巨富到小商品经营者，均经历过失败。

肯德基的创始人哈兰·山德士也经历过失败。这个全球最著名的"上校"，如今在 100 多个国家的 14 000 多家连锁店里为世界各国食客烹饪美味的快餐。他那白色的西装和白色的山羊胡子让很多迷恋肯德基味道的食客倍感亲切。

可是，在 65 岁时才创立了肯德基快餐品牌的哈兰·山德士，才真正懂得成功的到来有多么不容易。现在大家在肯德基吃的炸鸡，这是哈兰·山德士发明的。从当初的街道小店，到现在的食品王国，哈兰·山德士走过的不仅是一条很艰难的创业道路，更是一条不断挑战的人生道路。

哈兰·山德士于 1890 年 9 月 9 日，出生在美国印地安那州亨利维尔的一个农庄。在他 6 岁时，父亲不幸病死，留下弟妹三个人和母亲艰难生活。

为了一家人生活，山德士的母亲不得不在外做多份工以维持生计，几乎没有时间照料幼小的孩子。山德士是家里老大，他担负起了照顾弟妹的重任，并为母亲分忧。白天母亲出去在外工作，小山德士只好自己学做饭，大概一年时间，他学会了做饭，而且能做 20 个菜，成为家乡有名的烹饪能手。

12 岁的时候，母亲改嫁，山德士与继父的关系很不好，上了 6 年学后，他再也不想念书了。山德士在家里感到非常压抑，因而他决定出去闯荡。他来到格林伍德的一家农场工作，虽然工作很辛苦，但可以勉强维持个人的温饱。

之后他换过很多工作，可以说什么工作都尝试过，山德士做过粉刷工、消防员和保险营销，还当过兵。后来他获得一个函授法学学位，使他在堪萨斯州小石城做过一段时间的治安官。

1930 年，突然而来的经济大萧条开始影响到每个人，山德士发现自己无法找到一份好的工作，于是决定自己做一番事业。

这一年山德士已经 40 岁了，命运的大门迅速向他敞开。他在肯德基州 25 号公路旁边开了一家加油站。

在经济大萧条的艰难岁月里，为了增加营业收入，山德士希望自己的加油站在喂饱汽车肚子的同时，还能够填饱过往客人的肚子。于是，在妻子和儿女的帮助下，山德士迈出了在快餐行业试营的第一步。

山德士开始推出自己拿手的各种各样家庭美食，其中包括后来举世闻名的肯德基炸鸡，当然，当时尚没有名称，仅仅是简单的炸鸡。炸鸡迅速地受到了客人热烈的欢迎，他们交口称赞，甚至有的人不是为了来加油，而是为了吃加油站里的炸鸡。

随着炸鸡名声愈来愈响，客人蜂拥而来，山德士很快在马路对面开了一家炸鸡专营店。此后，他一面经营，一面研究炸鸡的特殊配料。不久之后，一种配方诞生了，这种配方含有 11 种香料，若用此配方烹饪而成的炸鸡，那么，这种炸鸡的表面是一层松软入味的薄皮，里面的鸡肉就多汁鲜嫩。

这则是肯德基最畅销的"吮指原味鸡"的雏形，如今这种配方仍在使用，可调料已经增到 40 种。这就是成为肯德基克敌制胜的秘密武器，就像可口可乐的神秘配方那样。

过了五年，山德士的炸鸡已经闻名全美。肯塔基州长鲁比·拉丰为此感谢山德士对该州饮食所做的特殊贡献，向他颁发肯塔基州上校军阶，因此人们都称他"亲爱的山德士上校"，一直至今。

虽然山德士的生意很好，可是他不满足这样的成就，于是他又在炸鸡专营店旁边加盖了一座汽车旅馆。这样山德士成为第一个集食宿和加油为一体的企业联合体。

随着客人越来越多，山德士感到自己的管理水平跟不上，于是他到纽约康奈尔大学学习饭店旅店管理专业，这使他可以更好地解决管理中存在的问题。面对顾客抱怨等待炸鸡的时间太久，山德士想尽一切法子，于 1939 年发明了用压力锅烹制的方法，将炸鸡的烹饪时间提高到 9 分钟。这样炸鸡味道好、时间短，一时成为人们议论的焦点，很多食客涌之而来。即使在美国经济萧条的 20 世纪 30 年代，山德士的生意仍然红火。

然而"二战"的爆发使山德士受到了重大的打击,美国政府实行石油配给制,山德士的加油站被迫关掉。此后,由于新建横跨肯塔基的高速公路穿过山德士的炸鸡专营店,炸鸡专营店也被迫关掉。这突如其来的变化将山德士推向了深渊,为了偿还生意上的债务,他用光了所有的银行存款。哈兰·山德士,这位以前受人尊敬的上校,一下子从让人尊敬的富翁变成了一文不值的穷人。

此时,山德士已经66岁了,惟一依靠是每月105美元的救济金。可是山德士不想就这样了却自己的一生,况且那点救济金根本不能维持生活。

山德士想办法,该如何才能摆脱困境。他想起曾将炸鸡做法卖给犹他州一个饭店老板,每卖一只炸鸡,就要付给山德士5美分。困境当中的山德士这样想,或许还有人会这样做,说不准这就是他事业的新起点。

于是,山德士就开始了自己的第二次创业。他带着一个50磅的作料桶和一只压力锅,开着他的老福特车就上路了。

身着白色的西装,并打着黑色蝴蝶结的白发山德士停在每一家饭店门口,从肯塔基州至俄亥俄州,推销炸鸡秘方,他向老板和店员表演他的炸鸡。假如他们喜欢炸鸡,就卖给他们特许经营权,提供调料,并教会他们制作方法。从一开始的时候,简直没有任何人相信他,饭店老板也觉得听他胡言乱语是浪费时间。整整两年过去了,山德士被人拒绝了1 009次,终于在第1 010次走进一家饭店的时候,获得了一句"好吧!"的回答。

不知道经过多少次的失败,总算有几个敢于冒险的人来加入了这项新颖的连锁经营形式。但美味的炸鸡迅速令山德士咸鱼翻身,借助连锁授权收入,山德士不仅重新开张了自己的炸鸡专营店,并在短短的5年之内,在整个北美大陆,他已经开了400多家肯德基炸鸡连锁店。

虽然山德士不曾公开肯德基配方,但他公开他的成功秘诀:永不放弃、相信自己、忍耐——坦然面对失败，即使 60 岁再创业也不晚。

真正的经营者不会被失败吓倒，他们在困境中突破自己。作为一个企业家，能勇于承受失败，并把失败化作再次奋起的动力。

如果作为一个企业老板的你还没有遭受过创业的惨败，那么可能是你不够努力。如果你的确是没有遭遇过失败，那么你还不算一个真正的企业家。失败表明你不得不走出自己固有的定势而去尝试和接受新的事物。将这些"失败"当作是学习机会，而不是被失败击垮是对企业家的一个基本定义。

行 动 指 南

伟大的成功属于那些不畏惧失败的勇士。既然是商业投资，就会有成功有失败。一定意义上，正是因为有了无数的失败，成功才显得那么宝贵。

允许犯错的
卓越表现

在西点鼓励学员冒险，允许他们犯错误，要对错误进行总结。原因就在于人他们犯错上的卓越表现。

——西点毕业生、商业大亨　吉姆·塞内加尔

作为公司领导者，如果要求下属不犯任何错误，那么就会压制冒险精神，使他们缩手缩脚，从而失去可能成功的商机。如果公司领导者不允许员工失败，冒险失败便会受到上级的惩罚，那么员工便会抱着不做不错的态度，这样公司就会失去赖以发展的源动力。

在员工失败的时候，仍然要给予支持，帮助他们从失败中学习。这是企业领导者应该具有的高尚境界。

在西点军校流行这样一句话——"将价值 20 万美元的教育，一次 5 美分地呈现给你。"

这一期间，大家会经历无数次的失败。失败对于任何一个组织而言，是导致恐慌的最大原因。

但领导者应当允许组织成员犯错误。"犯错误是正常现象，错误不必要被掩盖，错误是我们宝贵的学习经验。"吉姆·塞内加尔认为，若一个人不犯错误，其能力便得不到很好的拓展，也承担不起风险。

这种做法一度引起西点学员们的不满，然而更多的学员明白，这种做法是正确的。其出发点是把西点作为一个学习场所来看待的，这些犯错误的人，正是接触了规章制度、并在接触的过程中走了弯路的人。"假如不允许犯错误，就谈不上学习。"吉姆·塞内加尔说。

在某些特定的情况下,教官们甚至特意制造一些犯错的机会,当然他们会让错误在自己可以掌控的范围内出现,而那些因为错误而导致的危害也被悄然地限制在安全的范围之内。

当教官们眼看着学员要犯错误时,他们并没有急于去制止对方。此做法让学员们受益匪浅,比过去任何时候都更加深刻地领悟到失败带来的经验。

吉姆·塞内加尔说,在商业世界里,经商者从来都没有足够的时间。非常不幸的是,我们有时候只是紧紧地抓住别人的错误,并希望别人改正错误,而不是去努力发现别人的成功,然后把这些成功推升为更大的成功。

"在我们企业里,允许员工犯错误,若员工在几次犯错误之后变得成长起来了,那对企业是非常有价值的。犯了错误就是能在个人成长的道路上不再犯同样的错误。"吉姆·塞内加尔如是说。

在吉姆·塞内加尔的公司里,他准备物色一位职员去完成一项重要工作时,他只问一个问题——在以往的工作中你犯过多少错误。他最终将工作交给了犯多次错误的一个员工,理由则是——"我不要从来没有犯过错误的人。我们公司需要的人才,是他犯过很多错误,而每次都能及时获得教训、马上改正。"在工作开始前,他把一本《错误备忘录》交给这个员工,并嘱咐:"你犯过的错误都属于你的工作业绩,可你必须记住,相同的错误属于你的永远只有一次。"

有一次,吉姆·塞内加尔属下一家公司的总经理对吉姆·塞内加尔抱怨说,公司里有时会出点差错,但又找不出该负责任的员工。

吉姆·塞内加尔赶紧说,找不出是一件好事。其理由是:若真的找出是哪个员工,则会影响其他员工。他说:"我们每个人不可能不犯错误,况且从长远来看,这些错误也不至于动摇整个企业。若一个员工因犯错误而被剥夺升迁机会,或许就一蹶不振,更不用说为公司作更大的贡献。"因此,只要将犯错误的原因找出来,把它公开于大众,不管是犯错误的人,还是未犯错误的人都会牢记在心中。

吉姆·塞内加尔还对这个总经理说,即使你找出那个犯错误的人,你也不太好处理。此人肯定已经在公司里干了一些时间,即使你将他开除了也于事无补,你还必须另找一位熟悉情况的员工接替他。假如他是一位新员工呢,那么犯点错误更不奇怪,你就应该像家长对待小孩犯错误那样,要帮助他而不是不理他。尤其要耐心找出犯错误的原因,避免他重犯。这不但不是损失,反而得到了教训。在我多年的管理生涯当中,还的确找不出因犯错误而被开除的人呢。

吉姆·塞内加尔的宽容和明智,深深地打动了这位总经理。为了追究一种错误,又犯另一种错误,其实这是两种错误了。

吉姆·塞内加尔对下属这样说过:"放手去做好你认为正确的事,即使你犯了一点错误,也能够从中获得教训,不再犯相同的错误。"

人非圣贤,孰能无过。不管任何人都会犯错误,领导者会犯错误,下级会犯一些小错误,关键是否能够从中吸取教训,分析犯错误的原因,以免今后重新犯同样的错误,每个人都不应当被同一块石头绊倒两次。

不少的企业很注重员工在以往工作中犯错误的经历,不仅优先任用那些曾有过犯错误经历的新人,而且,还经常鼓励职员在工作中犯错误;一些长寿公司,如杜邦、IBM,他们在员工中极力提倡敢于失败的创业精神,对员工充分授权。甚至有一些企业,提出了这样的用人原则:若管理人员在一年之内不犯"合理的错误",就必须走人。

企业经营管理是在实践中验证出来的正误,凡是正确的都是错误引发正确的经典。在企业经营过程中,难免会有错误相伴,就会有失误来提高代价。所以,有的时候犯错误也是一种贡献,是对后人起警式意义的贡献。

因为员工不学习不可能获得成功,但通过学习又不让他有犯错机会,那他就无法吸取教训和总结经验。当然,并不是说纵容员工有意识去犯错误,而是在他犯错误之后给他改正的机会,告诉他正确方法,让他在管理实践中进取,这样员工在面对困难时才会有勇气去克服。才不会因害怕犯错误而畏首畏尾。

作为一个领导者,教育员工要有冒险心态,有一种愿意冒险的欲望,然后鼓励他,给他方法,给他支持。

积极努力工作的员工,在他们犯错的同时,也在逐步地成长,这可以称之为"人才成本",也可以称之为"交学费"吧,况且新员工的犯错是不可跨越的阶段。不过,越是积极肯干的员工,就越容易犯错;干得少、干得不积极的员工,犯错的几率就越少,因此领导者必须要有开阔的胸怀,善待犯错误的员工,让他们通过犯错误而迅速地成长起来,使他们更清楚地了解自己、了解公司业务、了解自己跟公司精英之间的差距,从而使得他们的目标会更现实、更明确!

对于领导者来说,容许员工犯错是非常重要的,这不仅是领导者处理好与下属关系不可缺少的品质,而且这对企业管理本身也有许多好处。

企业领导宽容地对待员工的错误有利于促进员工的主动性和参与意识。更主要的是,一旦出现失败,大家就不会因有所顾忌而进行隐瞒,这样就能够迅速找到失败的原因,有利于问题的解决。如果没有允许员工去犯错误,那么,真正敢于直言的人和敢干能干的人才就无法脱颖而出。

行 动 指 南

企业要允许员工去试错。领导者,应鼓励员工理性的去冒险、去创新、去抓住商机,应允许员工失败。当员工冒险犯了平常的小错误时,不必要过多指责;当员工冒险成功的时候,一定要多加赞赏,并予以相应的回报。

为错误和失败
承担责任

> 西点军校接受学员的个人失败，并将所在团队的失败归咎于自己，就像自己造成那样。
>
> ——西点毕业生、商业大亨　乔治·舒尔茨

许多开明的企业领导者都认为：**自己敢于承认错误是一种勇敢的和诚实的表现，不但可以融洽人际关系、创造和谐气氛，还能提高自己的领导威望、增进下属的信任。**只有那些自尊心很脆弱的领导者，在犯了错误之后才不敢向员工认错，如此领导是无法得到员工信服的。员工信服的领导是能够敢做敢当，不推卸责任的领导。

西点军校的每个教官在学员失败时，都不会掩盖事实，更不会拉别人受过。这种勇于为失败承担责任的行为常常会激励学员干得更加出色。

西点要求学员必须熟悉校方关于责任的规定，不管文字或口头的，都要认真对待。同时，对社会道德及伦理方面也要负起责任，至少要将扰乱秩序和破坏纪律的过失报告给领导。他们必须在过失正在发生或发生以后，尽快向教官和各级学员指挥官报告。若知情不报者，则视为同错，只是在处罚上稍微轻点而已。被告发有违纪行为的学员必须以不动感情的、职业的方式承认错误，并接受军纪处罚。被告发有违纪现象的学员，必须客观说明自己的所作所为，并提供相关的事实。当学员认为还有其他人参与了违纪行为的时候，当事者必须接受对其他学员的调查。从西点很多有关学员犯错误的记载和处理

的情况来看,违纪者极少掩饰自己的过错,也不会过于强调客观理由。因为凡是违纪者都必须接受处罚,过程往往不是减轻处罚的理由。假如是一般的小过失,也记不了多少分,而且每个学员都有允许犯错误的宽容值,并能够通过优异的成绩获得奖励分。在西点军校历史上,还没有发现哪个学员没有一点过错,比如像麦克阿瑟这样被认为"完美无缺"的学员,也有过错记录,只是不很严重。

乔治·舒尔茨认为,**承认错误和失败是一个人最大的力量源泉**。每一次挫折都会造成境遇的恶化。而每个西点学员承认失败。他们把失败当作是另一种方式行事的机会,更重要的是,以便下一次能够改正。他们对失败的承认和承担体现了一种与众不同的坦率态度,这种态度能使人精神振作,以至于能产生敬仰和鼓舞。

乔治·舒尔茨作为西点毕业生,他是 1991 年解放科威特的联军统帅,在越南战争中荣获三枚银星奖章。同时他承认其光辉职业生涯中的几次失败。

因为人不是神,总有自己的缺点,任何人都难免会犯一些错误。当我们犯错误时,头脑里常常会出现想隐瞒自己错误的想法,害怕承认以后会非常没面子。不过,承认错误并不是什么没面子的事。反之,从一定意义上来看,它还是一种有着"英雄色彩"的行为。若错误承认得愈及时,就愈容易获得改正和补救。而且,因自己主动承认错误也比别人提出批评后再承认错误更能得到别人的谅解,况且一次错误并不会毁掉你将来的道路,真正会妨碍事业的,是那种不愿意担当责任、不愿意改正错误的态度。

敢于承认错误和失败是企业生存的法则。从特里法则的角度来说,市场竞争不是两军直接对抗的战场,因为企业不是以胜败论英雄的军队。**承认失败,企业能够避免更大的市场损失,能够重新调整自己的市场策略,也就能够重新取得市场机会**。

20 世纪 80 年代,当日本丰田汽车以最低价格小型车"横扫"美国

三大汽车公司的低端车型的时候,福特汽车公司高层对这个对手非常重视,并对其成功的诀窍进行过研究。

福特汽车于1980年派研究小组拜访了美国国内福特汽车和日本车的经销商,并且比较在保修期间买主送修或索赔的记录。研究小组发现日本车的索赔率远远低于福特车,这是福特研究小组所得的第一印象,这使福特面临丰田汽车在美销售激增的压力。因此,福特公司高层不得不自我反省。

福特汽车公司却开始在软实力上下功夫,向日本企业学习精益生产方式,借此提高了工作效率,降低了产品故障率。1986年,福特公司的净利润达到33亿美元,而通用公司为29亿美元,前者从1924年以来在净利润上第一次超过了后者。经过10年发展,当1990年到来之时,福特汽车已成为"高质量"的代名词。

福特汽车公司总裁比尔·福特说:"以前,当我们将这些新鲜的想法由渴望变为行动时,收获了不少的成绩,也遇到了一些失败。只有不变的就是我的信仰——就是使公司表现得更具有可持续性,不但是一个要求,更是一个很大的商业机遇。"

比尔·福特还"坦诚"地进行了解释,他说:"公司勇于承认'困境与未完成目标'被外界以为是承认'失败',这造成了其他人对公司目标的怀疑。透明、公开的对话在一段时间内会让公司的日子不好过,但我认为这样的坦诚是我们建立信任和继续前进的前提。"

福特公司为了了解管理和作业上有什么缺点,特意邀请员工对公司提出批评。

当面对挫败时的时候,不要害怕去承认错误,也不要害怕去承担责任,要勇敢地去面对,客观地去分析。剖析的过程可能是很残酷的,可能会很痛苦,可是掩盖"缺点"只会让你难以再恢复"健康",取得胜利!

作为企业领导者,当你发现公司出现了重大的问题,比如人员矛盾突出，管理方法陈旧，资金周转不灵，等等。这时候你一定要想办法检讨你的管理失误并找出问题所在。

此外还应当检查在以下各方面是否落后：你的公司是否在人事任用或升迁上犯了错误、公司新产品上市时是否迅速以及是否与客户脱节等。在解决这些问题的时候，你能够从其他企业的交谈中获益良多。若你发现公司的成本过高，但却不知道是什么原因时，就应该检查生产线上的每个环节，要与其他同行业加以比较。

每个人的错误在所难免，一个好领导者可以承认错误并从中总结教训，使自己可以不断地成长。

面对自己犯下的过错，公司领导者若顾及面子而不愿意承认，有隐瞒错误的念头，但常常就因此错误而影响了公司大局发展。在公司里，这种现象并不只有发生在领导者身上，员工也会因某种原因而不肯承认错误，因而影响职业生涯的发展。

承认失败意味着有机会教会别人怎样做得更好。要求每个人都能从考验和错误中有所收获是没有意义的。如果企业领导者犯了错误，则团队能够从其教训中学会通过另外的方式办事。

换言之，若领导者把某个问题或某次失败揽在自己身上，别人自然会将这种直率态度看成一种问题将得到解决的保证。勇于担当责任还会带来一次分析的机会，以便寻找对策。确保这类错误不会再次发生。假如没有人认错，就不可能对这类错误进行分析，那么就预示这类错误肯定还会再次发生。

无论是巅峰还是低谷，都会偶然遇到失败，这是人们普遍认同的一种自然的生活趋势。对于领导者来说，这些巅峰和低谷常常更显突出，从而造成其高点更高，低点更低。不妨接受并承认低谷，在此基础上，下一个巅峰便近在眼前。

总而言之，领导者勇于承认错误，敢于担当重任，就可以吸引更多的人才。若公司工作出现失误，领导者敢于站出来担当重任，这种大将风度会为自己赢得员工的尊重。反之，如果将所有责任都推在下属身上，即便员工表面承认错误，内心也会很不服。勇于承认错误和担当责任是一个领导者应有的素质，很多大企业的领导都具备这样的优良品德。

行 动 指 南

敢于为自己所犯的错误承担责任，并从中吸取教训。覆水不能再收，但是我们却可以引以为戒，避免自己再犯同样的错误。

冒险家＝进取型企业

冒险家＝进取型的企业。在某种程度上，把企业家与赌徒等同起来，我认为是不幸的。我根本不这样看，采取行动往往并不是最危险的道路，最危险的道路是不采取行动。

——西点毕业生、联邦快递创始人　费雷德·史密斯

冒险精神是企业家宝贵的素质之一，冒险是需要勇气和资本的。如果能从不确定的精神中，依靠着某种灵感去冒险，才有成功的可能。

道理很简单，创业本身具有很大的风险，它就是一种冒险活动。一般来说，创业家就是赌徒，赌徒最有胆量，敢于下注，想赢也敢输，因此，他们很适合创业。据研究发现，赌徒的心理承受能力大大超过一般人，而创业正是需要极强心理承受能力的一项活动。

弗雷德·史密斯从西点毕业后，加入了美国海军陆战队，在越南服役两年。越战经历培育了他应付企业经营可能失败的顽强精神。退伍之后，史密斯凭着单纯的理想和无畏的勇气于 1971 年从事快递运输的生意。尽管这一行业起初并不被人们看好。但是如今，联邦快递已经建立了全球首屈一指的快速交付网络，业务遍及全球 211 个国家，拥有超过 660 架货机及约 9.5 万辆货车，并且在全球聘用超过 21.5 万名员工和独立承包商，每天平均处理 500 万件货件。史密斯创造性的举动是开创了隔夜交货的速递方式，因此被誉为是"创造了一个新行业的人"。

史密斯认为西点的经历是他最宝贵的财产。他说：

"如果没有西点的经历，我绝对无法创出联邦快递这一番事业来。

在西点,有许多训练项目就是为了训练学员们的胆量和毅力,假如没有冒险精神,就难以通过这些训练。通过一次又一次的冒险训练,学员们逐渐都变成了善于把握机遇的'冒险专家'。只有勇敢地面对危险,风险越高,人的情绪越接近恐慌,要训练自己在关键时刻能处理恐慌,最好在控制的情况之下,训练克服恐慌。"

"因为战争具有极大的偶然性,更需要胆识和冒险,若在战机出现的时候不敢冒险,可能就失去了取得战斗胜利的良机,这就是西点教给学员的战斗理念。"

史密斯认为,对于一个真正的西点军人来说,冒险精神是必不可少的。同样,企业家也需要冒险精神。

弗雷德·史密斯说:"尽管自己还有很多东西尚不了解,然而还是要勇敢地去解决难题,而不是去等待。"

史密斯不但是一个疯狂的冒险家,还是一个执著的追梦者。他很早就发现公司的发展需要成熟的物流业的支持,然而30年前的物流服务却很不成熟,热爱于飞机事业的史密斯突发奇想:为何不能利用飞机来送货物呢,这样物件隔天就可以送到,效率极大提高了。

1971年6月,史密斯融到了8 000万美元的资金,"联邦快递"公司正式成立。创业的初期,史密斯寻求与美国联邦储备系统的合作,因为当时的联邦储备系统有很多票据需要在银行之间传输,是一个很大的客户。在与联邦储备系统进行谈判的同时,史密斯就已经信心十足地购买了两架飞机,并投资35万美元,为一笔360万美元的银行贷款做了担保,将购得的客机改装成货机以适用于运送包裹。但几周之后,史密斯得到的却是联邦储备系统拒绝接受"隔夜快递"服务的消息。因而史密斯计划失败了,特意购买的两架飞机被闲置在机库里动弹不得,刚刚建立起来的联邦快递公司受到沉重的打击。

初战失利后的史密斯所面临的不仅仅是联邦储备系统的回绝,而且他的朋友、竞争对手和媒体都认为他的冒险简直是疯了。每个人都说，"隔夜送包裹服务没有市场。民用航空委员会决不会批准这么做。你不可能找到可靠的送货员。此外，如果这种服务有市场，主要的航空公司或许早已经这么做了。"

史密斯以一个敢于冒险、勇于创新的企业家的胆识继续实现他的目标，正如他自己讲的，他必须创新，哪怕只是为了生存。

1972年，史密斯投资75 000美元组成了由专家、飞行员、代理商等组成的高级顾问小组，再次深入地进行市场调查。他们通过对市场潜力更深入地分析，发现，随着现在信息技术的兴起，使美国传统的工业重镇日渐没落，而原先名不见经传的小镇正在快速崛起，从而成为新兴商业中心。过去那种一次托运就是几百吨、上千吨，从这一工业区运往另一工业区的旧的货运传统正在改变。

此时的史密斯断然决定将自己全部家产孤注一掷地投入联邦快递公司，接着，他竭尽全力游说那些投资商进行融资。史密斯对快递市场精辟、独到的分析以及他的努力、自信和非凡的领导能力，尤其是他的勇气和冒险精神，给这些私人投资家留下了很深刻的印象。包括花旗风险资本公司、万仓保险公司在内的几家大公司先后向联邦快递公司投资。史密斯迅速地筹集到了9 600万美元，从而创下了美国企业界有史以来单项融资的最高纪录。

史密斯在获得9 600万美元巨额风险投资后，他做的第一件事就是再次购买了33架达索尔特鹰式飞机。以最快速度开辟新的航线，在开辟西部航线的时候，联邦快递公司挑起了价格战，致使人怀疑联邦快递公司是否还有利润的空间。

果然不出所料，联邦快递公司开始出现亏损，史密斯努力争取更多的资金，想方设法地安慰那些越来越心存疑虑的投资者。一年之后，史密斯卖掉自己的私人飞机来还债。

虽然公司在筹款以扩大规模方面遇到困难。可是没有预料到的事态发展却帮助了史密斯。公司成立的时代，航空运输正在迅速发展。1970年航空运输工业总收入为72亿美元，1972年为112亿美元,1977 年跃至 199 亿美元。一些主要的运输公司严重缺少运载工具,只能集中力量于主要城市,而放弃了许多小城市的运输业务。结果是这些公司不能再为自己原来的小型货物客户提供服务,从而为联邦快递公司填补空缺铺平道路。除此之外,1974 年,联合包裹公司发生了一次长时间的罢工,接着,对手 REA 快递公司倒闭,为联邦快递公司提供了新的机会。

公司在整个 1975 年继续亏损,但是到年末,情况越来越明显地开始出现了好转的趋势。公司在 1976 年营业额为 1.09 亿美元,纯收为 810 万美元。

当时,每一件事好像都对公司有利。公司业务的发展的同时,有关管制的条例已开始取消。1977 年通过的法律条款允许公司经营较大的飞机的业务。史密斯迅速从别的航空公司手中购买了半旧的波音 727 飞机 100 架,大大地扩充了公司的实力。这一年公司营业收入为 1.6 亿美元,盈利为 2 000 万。这足以使史密斯计划第一次向社会发售股票。1978 年 4 月发行了 1 075 000 股,每股 3 美元。

时间到了 1980 年,联邦快递公司营业额达到 5.9 亿美元,盈利达到 6 000 万,每股上升到 24 美元,史密斯和合伙人发了一笔大财;这时他的创业经历被商学院作为典型案例进行分析研究。

联邦快递公司的成功经历提示我们,**很多最优秀企业家的突出之点在于判断、控制或缩小风险,而不仅仅是甘冒风险。**

生意的成功常常属于那些敢于冒险的人。冒险的人做了别人不敢想或者不敢做的事情,因而他创造了比平常人多得多的财富。

今天的商战,更是变化莫测,风险无处不在,**企业领导人如果不敢冒险和创新。也只能接受失败的命运。冒险和创新充满着风险和不确定性,有可能遭到挫折或失败,但风险往往又意味着机遇和未来。**

比尔·盖茨说:"所谓机会,就是去尝试新的、没做过的事。这些不敢创新、不敢冒险的人，要不了多久，就会丧失竞争力，又哪来成功的机会呢?"

因此，很多美国企业大力地鼓励员工尝试和冒险，并支持员工的创新思想和创新行动，同时又可以宽容地对待他们失败，甚至还鼓励他们犯错误，以保护员工创新的热情和积极性。托马斯·彼得斯和小罗伯特·沃特曼在《成功之路》中总结出的美国最成功公司"革新性文化"的八种品质中，"贵在行动"和"鼓励革新，容忍失败"就是其中的两项。硅谷公司流传的名言是"It's OK to fail"（失败是可以的）。那里的企业普遍推崇的价值观就是"允许失败，但不允许不创新"、"要奖励敢于冒风险的人，而不是惩罚那些因冒风险而失败的人"，因而有人认为，"挫败是硅谷的第一优势"。这些都表现出美国企业对待创新失败的宽容态度，事实上它已成为一种理所当然的创新理念。

当然企业领导人也并不是鲁莽行事，为了冒险而冒险，在决定做某件事情前，一定要挖掘足够的信息，然后才能够准确预测出"可控制的风险"和"不可控制的风险"，这样的冒险才是最智慧的选择，才能使自己立于不败之地!

行动指南

对于一个真正的西点军人来说，冒险精神是必不可少的，因此，优秀的企业也一定要有冒险精神，一马平川的发展可能较为顺利，但绝不会有很大的作为，只有敢于冒险的人才能获得别人所得不到的东西。

敢 于 创 新

不怕失败，敢于创新的人，才能争取竞争的主动。
　　　　——西点毕业生、美国在线 CEO　詹姆斯·金姆斯

企业的成功并非从天上掉下来，是从失败中走过来，是从创新中跋涉而来。

有的人因为不去尝试而失败，这种人算不上是企业家。只有那些尝试过而没有成功的人也可以算是企业家。因为企业家最大的特点是敢于尝试和创新。

西点军校一贯的作风是培养学员的创新性思维和创新能力，西点不断进行教学改革，运用研讨、争辩、独立作业以及学员自己组织教学活动等形式，来克服学员性格上因循守旧的弱点，培养学员们逆向思维、独特思维和超前思维的能力。

在西点每个学员都知道这个故事：一位牧师在家看杂志，他的女儿吵闹不休，向他要零花钱。于是他翻到一幅色彩鲜艳的图案——世界地图，并撕下这一页，再将它撕成碎片，扔在地上，对女儿说："拉蕾，若你将这些碎片重新拼起来，我就给你 10 美分。"

牧师以为这件事会使拉蕾花去整个上午的时间，却没料到还不到 8 分钟，女儿就来敲他的房门了。牧师惊讶地问道："你为什么做得这么快呢？"拉蕾说："这非常容易。在图案的背面有一个人的照片，将这个人的照片拼到一起，然后翻过来就可以了。"牧师称赞地给了女儿零花钱，并说道："你替我准备好了明天的讲演。"

西点尤其注重培养学员的创新意识，鼓励每个学员提出新观点、

新思想。譬如,西点目前正深入推行新军事变革,在作战理论上先后提出了"网络中心战"、"网络空间作战"等超前的作战方法,这是一种创新思维的体现。

美国在线 CEO 詹姆斯·金姆斯是师出西点军校。有意思的是,这位西点毕业生,是参加过越南战争的一名老兵。他曾经在商场中屡战屡败。在他 20 世纪 70 年代从部队退役投身商界的时候,美国经济正处于低迷状态。尽管屡遭挫败,但他始终拥有激情和远见,设想运用互联网实现邮件和信息在全国范围内的光速传播,并把这种朦胧的设想转化成了今天的"美国在线"。

创业本身则是有计划地创新、冒险,只有敢闯敢干、不怕失败的人,才有可能走出一条属于自己的新路、好路来。

创新就要有一种永不言败的精神和勇气。**创新就是一个不断探索尝试、经常受挫失败、又努力改进提高的艰难过程。**

在 20 世纪 80 年代,可口可乐面临来自百事可乐的强大压力,管理层决定取消原来的配方,并在 1985 年 4 月推出了新配方的可乐。但是新可乐销路不好,还未到 3 个月,可口可乐就恢复了原来的配方。总裁唐纳德·基奥对这次失败的解释是,"我们在为新可乐推出所作的研究上倾注了很多时间、技术以及金钱,却并不能衡量或揭示许多人对可乐传统配方的喜爱,这一点让我们非常吃惊,这是难以衡量的。"

美国的 3M 公司有一句著名的格言:"为了发现王子,你应该与无数个青蛙接吻。""接吻青蛙"意味着失败,但失败往往是创新的开始。

被公认为美国"最具创新精神企业"的 3M 公司的创新理念是"创新＝新思想＋能够带来改进或创造利润的行动"。3M 公司经常勉励员工,"在 3M 公司,你有坚持到底的自由,也就是意味着你有不怕犯错、不畏失败的自由"。公司的一个重要信条就是"切勿随便扼杀任何新的构想"，"只有容忍错误才能够进行革新"。该公司每年设立总额450万元的新创意开发基金，对那些勇于创新的所谓"创新斗士"、"创新小组"给予特别的鼓励和保护。而任何员工的创新发明一旦成功，立刻就会得到3M公司英雄式的款待，其收入也会随着创新产品的营业业绩而改变。几十年来，3M公司始终保持着锐意创新的精神，其创新精神受到著名管理学家德鲁克和彼得斯的高度评价。

在IBM公司发生这样的事件，可以体现出美国企业对待创新失败的宽容态度。IBM公司一位高级负责人，曾经由于在创新工作中出现严重失误而造成1 000万美元的巨额损失。许多人提出应立即把他革职开除。而公司董事长却认为一时的失败是创新精神的"副产品"，应该继续给他工作的机会，他的进取心和才智有可能超过未受过挫折的人。公司董事长对此的解释是："如果将他开除，公司岂不是在他身上白花了1 000万美元的学费？"后来，这位负责人确实为公司的发展作出了卓越的贡献。

如果领导者害怕员工失败，害怕自己去承担责任，这样就会扼杀员工一切冒险、创新的举动。

因此企业必须采取不断创新，不断试错的态度来发展，不要试图掩盖失败，而要从失败中寻找解决问题的方法。

行 动 指 南

企业创新不要言败，首先领导者要敢于创新。创新是一个很艰难的过程，是一个不断探索规律的过程。规律常常隐藏在事物的内部，只有反复尝试、观察和探索，并加以总结和归纳，才能发现和认识其中的内含。

第六章
必胜信心

　　自信可以排除各种障碍、克服种种困难,可以使事业取得完满的成功。自信即是坚定的、不可动摇的信心,它来自企业领导对自己能力、智力的正确估计。在商战中,自信表现为一种必胜的信心。一个企业领导如果没有必胜的信心,它就不是一个合格的领导者。通常,自信将受到意志力的考验。一个企业领导不可缺少的品质是坚强的意志。凡有成就的企业家大都具有坚定的信念、坚强的意志,他们果断、坚定,不怕失败,能做出不懈的努力。

➤ 要有必胜的信心——商业大亨约翰·马修
➤ 以顽强的奋斗精神去迎接挑战——国际银行主席奥姆斯特德
➤ 面对冲突,保持冷静——Commerce One 主席马克·霍夫曼
➤ 勇气意味着信心——美国汽车保险公司总裁麦克·德莫特
➤ 勇于接受挑战——商业大亨斯科特·斯奈尔

要有必胜的信心

要有必胜的信心。相信胜利,一定成功。如果我们能够保持雄心勃勃,富有自信心和想要尝试一切的信心,拥有将自己的理想化为现实的能力的不可置疑的自信,什么奇迹都有可能创造!

——西点毕业生、商业大亨 约翰·马修

坚定不移的信心可以移山。心有疑惑,就会失败;相信自己能够移山的人,就会成就事业;认为自己不能的人,一辈子一事无成。成功就是生命的最终目标。

自信即是坚定的、不可动摇的信心,它来自企业领导对自己能力、智力的正确估计。在商战中,自信表现为一种必胜的信心。一个企业领导如果没有必胜的信心,它就不是一个领导者。

成功企业领导者都有极强的信心,他们既会在自己内心里相信自己,又会在公众面前表现出这种自信心。成功学研究表明:强烈成功的欲望是创造财富的源泉。人一旦拥有了这一欲望并经过自我暗示和潜意识的激发后会形成一种信心,而这种信心会转化为一种“积极的感情”。它可以激发潜意识,能释放出大量的热情、精力和智慧,从而帮助其获得很大的财富和事业上的成就。

约翰·马修认为,信心是一种积极向上、乐观的人生态度,是通往成功的有效动力。**应对每天出现的挑战,需要必胜的信心,需要全力以赴。正是这种对未来充满信心不肯服输,愿意为之倾尽全力的品格,使成功者不断进步,成功企业节节胜利。**

作为西点毕业生的约翰·马修认为,失败的原因往往不是能力低下，而是信心不足，还没有上战场，就败下阵来。在西点军校首先要建立起学员们的自信心。在障碍训练场上，每当低年级学员因没有掌握好动作要领而出现失误时，得到的不是批评、责骂或者不屑一顾的嘲笑，而是激励的掌声和诸如"加油！你一定能行！"的鼓励声。学员们在这种气氛下，不仅完成了动作，更主要的是增强了自信心。

那么西点在造就每一个"自信"的学员方面具体做了些什么呢？西点规定：领导和被领导的对象不仅局限于一、四年级的学员，而是涉及到所有四个年级的学员。三个高年级学员都被赋予领导职能，并按年级的不同授予不同的军衔：四年级学员为军官，三年级学员为中士，二年级学员为下士。这一制度又叫做"四个年级学员制"。

也就是说：一年级必须学会服从，二、三、四年级必须学会领导。其目的是逐步地增强学员的责任感，使学员渐渐地适应经验、权力和责任之间的关系，所以西点的学生毕业前就知道怎样当领导了。当所有这些集中在每个学员身上的时候，那双炯炯有神的眼睛背后一定是满怀的自信。

西点军校对自信是这样定义的："自信心就是在任何情况下相信自己，即便受到很大的压力，也得不到所需要信息的情况下，能正确无误地采取行动。"自信心主要来源于个人的能力：它是以实力为基础的，有能力才可以担当艰巨的任务，贡献自己的力量。自信也来自于主动寻求各种能考验能力以及提供学习机会的挑战。自信心更来源于你对待生活和挑战所持有的态度。积极向上的态度会增强你的自信心和战胜挑战的意志。

约翰·马修认为自己的成功靠得是自信。他说："是因为西点熏陶了我自信的品质。这种自信的品质使我后来在商界中受益匪浅。"他这样总结自己的成功经验。"如果不自信，我当时就不会直接涉足商界；如果不自信，我也不会在每次扩张时都全力投资，不给自己留什么后路。"

约翰·马修强调，**若无必胜的信心，则战争必败无疑**。一个没有必胜信心的人，根本不可能全力以赴。一支看不到胜利的团队，根本不可能获胜。无论对于个人、军队、企业,都应该极力营造一种"必胜文化"。这样的文化能激励士气,激发信心,能营造一种必胜的信心,让我们直达胜利的彼岸。

假如我们没有自信,就无法去迎接挑战,也没有办法去面对困境。一个企业领导人对自己的企业要有成功的信心,正是这种成功的信心帮助了施乐公司女总裁安妮·马尔卡希,使施乐公司从泥潭里面走出来。

有人如此形容安妮·马尔卡希,"一个'农民',把一头陷在深沟里不能自拔的老牛拉了出来"。所谓的农民拉出一头陷入深沟里的老牛,这一点也没有夸张,而这头老牛则是老牌复印机生产商施乐公司。

用临危受命来形容马尔卡希绝不为过,在 2000 年 8 月出任施乐总裁时,公司股票从高峰的 63.69 美元下跌到 4.43 美元,同时丢掉了 90%的市场份额。2000 年 10 月,施乐推出了复兴计划,其核心是出售 20 亿至 40 亿美元的资产并且"开源节流"。马尔卡希对这个计划充满信心,她对记者们说:"这将是施乐公司发展史上最伟大的复兴之一,我为能置身其中而非常兴奋。"厉行节约成为施乐公司最主要的武器,"施乐公司全球有九万多名员工,若每人每月节约 10 美元,一年下来就可以节省一千多万美元"。施乐公司要求员工自带咖啡上班,办公室的花草也要自己去浇水,休息时间的小吃一律取消。甚至要求员工不到万不得已不要复印材料,这对于自称"文件专家"的施乐公司来说有点黑色幽默意味。

一年间,施乐出售或向第三方转移资产共达 22 亿美元,降低成本10 亿美元,公司在打印机产品、网络办公和文件服务市场的核心业务得到了加强。公司的财务状况开始缓慢好转。"我们有充分的信心把所有困扰我们的问题抛在脑后。施乐过去面对过许多挑战,每一次我们都会因此变得更强大、更优秀。我深信,这一次也一样。"马尔卡希信心十足。

在 2002 年,施乐扭亏为盈,在安妮的带领下,公司从商用印刷机、办公打印机以及多功能设备的销售中共获得了 157 亿美元的收入。

尤其当施乐在 2002 年爆出会计丑闻之后,安妮·马尔卡希也遭到

了她职业生涯中最为严峻的考验。可是这位沉着、乐观的总裁并没有因此而退缩，她继续前行，顶着巨大压力给公司进行了一系列的改革，终于力挽狂澜，让施乐重新立于强者的行列。3 年之后，她成功带领施乐走出困境，因而被著名的《财富》杂志评为最具影响力的女强人。

在企业一帆风顺的时候从不缺少信心，那时员工本能地会去思考对企业有利的因素，也更多地看到企业的长处，但是遇到困境时，我们往往本能地会想到那些对企业不利的因素与自身的不足。这就像一个人一样，自信是因为放大了自身的优点，而自卑则是放大了自身的缺点，前者会因为自信获得更多的成功，循环为更多的自信，而自卑的人则徘徊在自卑泥潭中，离成功越来越远。因此，企业遇到困境时应该把企业的一些优势以各种形式公布出来，提醒企业成员，而非只是几个高管做到心里有数而已，这样可以有效增强整个企业的信心。

企业遇到困境时常常是整个大的环境或相关者都陷入了困境，这时不仅要本身提高信心以求突围，更重要的给相关者——就是与企业相关的客户以信心，唯有信心在整个产业链条上循环，在利益相关者之间循环，才能从根本上来解决问题。

自信不仅能改变一个国家，甚至是世界的命运，我们任何没有理由怀疑信心能够挽救一个企业，能够让一个企业变得无比强大。信心就在我们体内，就在我们周围，唤醒它，就是唤醒我们自己。因为，信心是一种巨大的能量！

行 动 指 南

信心的力量大得惊人，它能够改变恶劣的现状，能创造使人无法相信的圆满结局。对企业领导来说，不仅对自身和自己的企业有信心，还要营造一种"必胜文化"。这样的文化能激励员工士气，激发信心。

以顽强的奋斗精神
去迎接挑战

在竞争中,以顽强的奋斗精神去迎接挑战,你才能够免遭淘汰。
——西点毕业生、国际银行主席 奥姆斯特德

坚强的性格是一种刚强、勇敢、富有血性的性格。具有坚强性格的人,勇敢顽强,无坚不摧、无往不胜。在面对困难和失败时,他们决不轻言放弃,更不会轻而易举地败下阵来,而是凭借刚毅的性格知难而进,越挫越勇。他们拥有一般人没有的、令人羡慕的顽强精神去战胜一切。

拥有这种坚强性格的人,能较好地把握住自己的命运。因为具有这种坚韧的意志,所以才能走过艰难、走过坎坷,并且获得最终的成功。

凡有成就的企业家大都具有坚定的信念、坚强的意志,他们果敢、坚定,不怕失败,能做不懈的努力。正是这些美好的品质,才能使他们敢于去做自己想做的事,直到获取最后的成功。

"遇到困难和挫折永不放弃是西点学员的一个重要品格。西点军校对每个学员的技能、体能和思想等方面定的标准很高,若要达到这个标准,学员就应该有坚韧不拔的意志和坚定不移的信念。若在多次尝试以后仍达不到这个标准,学员将被要求退学。对于西点学员来说想在西点立足,就必须完成教官所下达任务。你需要将痛苦、劳累以及磨难都装在心里,将眼泪、委屈、愤怒也装在心里,变为力量,完成任务,达到学校标准。只要你能冲过去,教官就会笑脸相迎,并接纳你成

为一名正式的学员。"

"在西点的课堂上,常常会有这样的阐述:在困难面前,有没有坚强刚毅的性格,从某种意义上说,是区别英雄与懦夫的标志之一。困境对于英雄是一块垫脚石,是一笔财富,而对于懦夫却是一个万丈深渊。英雄在厄运和不幸面前,不屈服,不后退,不动摇,顽强地同命运抗争,因而在重重困难中冲开一条通向胜利的路,掌握自己命运的主人。而懦夫在挫折面前,垂头丧气,自暴自弃,丧失了继续前进的勇气和信心。"

"在西点,每个学员有着坚韧不拔、永不放弃的精神,他们都体现出一种积极进取、顽强拼搏的意志力。学员们对于那些排除困难和阻力、经受巨大的挫折而坚持到底的人,其敬佩程度远远大于生活中幸运儿。正是在西点,我学会了几乎所有成功人士的共同特点——坚韧。正是这种坚韧的品质在我的事业遇到困境和不幸时支撑我坚持下去,并使我走出困境。"

奥姆斯特德认为,没有任何东西能够代替坚韧的品质在成功之路上的地位。成功者之所以成功,就在于他们有坚定的信念,有钢铁般的意志,成功的军事家是如此,成功的企业家也是如此!**一个企业领导不可缺少的品质是坚强的意志。在竞争中,企业领导必须用最大的意志和坚持不懈的精神去追求一个巨大的、具有决定意义的目标。**

李·亚科卡就是具有坚韧品质的企业家。尽管他的一生充满着挫折与坎坷,但他却说:"我懂得了奋斗,即使时运不济;我懂得了不可绝望,哪怕天崩地裂;我懂得了世上没有免费的午餐;我懂得了辛勤工作的价值。"

李·亚科卡曾担任过福特公司的总裁,后来又担任克莱斯勒公司的总裁,把这家濒临倒闭的公司从危境中拯救过来,奇迹般地东山再起,使之成为全美第三大汽车公司。他那锲而不舍、转败为胜的奋斗精神使人们为之倾倒。在20世纪80年代以及90年代初,成为美国商业偶像第一人。

李·亚科卡于 1924 年 10 月 15 日出生于美国宾夕法尼亚州。其父亲尼古拉 12 岁搭乘移民船来到美国,艰苦创业,积累一些财富。父亲在美国经济大萧条的时期,始终保持乐观态度和坚定信念,这给李·亚科卡留下很深的印象。每当李·亚科卡遇到困难的时候,父亲总是积极地鼓励他:"阳光总会灿烂的。你要勇敢向前,不要停止前进。"多年之后,李·亚科卡在事业上遇到挫折时,他就用父亲的话来激励自己,勇敢地迎接挑战,从困境中奋起。

李·亚科卡的父亲自小喜爱汽车,很早就拥有一辆福特公司早期的产品——福特 T 型车。只要平时一有空,便摆弄汽车。这一嗜好也传给了李·亚科卡。而李·亚科卡后来的事业均与汽车有关。

李·亚科卡是早期的意大利移民,在美国很受歧视。李·亚科卡是个有志气的人,从小就努力学习,学习成绩一直都非常好。他进入美国利哈伊大学,并获得了工程技术和商业学两个学士学位。后来又在普林斯顿大学获硕士学位,期间,还学过心理学。

1946 年,年仅 21 岁的李·亚科卡来到底特律,进入福特公司做了一名见习工程师,从而开始了他在汽车行业中的传奇人生。

李·亚科卡在福特公司工作一段时间后,选择了做推销员,开始了他一生艰辛的经营生涯。

李·亚科卡在工作上很努力,终于在福特公司得到了晋升的机会。然而,没过多久,20 世纪 50 年代初期美国经济的不景气影响到了福特公司。公司大量地减员,李·亚科卡回到原位又做起推销员的工作。

后来,李·亚科卡凭着自己的努力,当上了费城地区的助理销售经理。几个月后,年仅 32 岁的李·亚科卡又调到福特公司总部,担任卡车和小汽车两个销售部的经理。在福特公司总部,他开始显示出非凡的管理才能,很受上级领导的赞赏。过了 4 年,李·亚科卡被提升为副总裁和福特分部的总经理职务,当年只有 36 岁。

　　与福特公司共度患难几年后，福特公司高层决定将主要精力放在汽车的安全设备上，李·亚科卡是这次改革的主要发起人之一。但是，这次李·亚科卡失败了，他遭受了沉重的打击。

　　挫败并没有影响到李·亚科卡积极创新的精神，他越挫越勇，又组织人员开发"野马"车，并创造了美国汽车销售史上的奇迹，因而李·亚科卡被人们称之为"野马"之父。

　　正当李·亚科卡在福特的业绩越来越辉煌时，他受到了亨利·福特二世的排挤，被解雇了。不光这样，还受福特公司总裁亨利的威胁，朋友们也不敢与他来往，这位汽车奇才及其全家都陷入巨大的痛苦之中。

　　然而李·亚科卡并未向命运屈服，他决定寻找机会来施展他的才华，接受了将要破产的克莱斯勒公司的聘请，接任总裁。

　　1978年，克莱斯勒公司董事会召开新闻发布会，宣布李·亚科卡出任总裁。李·亚科卡第一次当上了"船长"，而这条船却严重的漏水，船上所有的人士气低落，萎靡不振。面对陷入危机的公司，李·亚科卡需要解决的问题非常之多，不少人也拭目以待，想看一看李·亚科卡究竟会有什么灵丹妙药。李·亚科卡发现公司管理十分混乱，很多部门完全没有纪律可言，上班时通常打电话，而且全是私事。不断地打电话跟别人聊天。整个克莱斯勒公司里部门非常多，分工很细，相互不关心，35名经理人中每人都有自己的帮派，他们完全不顾大局，只顾自己部门少数人的利益。李·亚科卡找到公司病症之后，进行改革，裁掉了33名经理人。又动员公司员工，公司当前不景气，如果要留用，就应当减薪，否则解聘。于是留用的员工接受了12亿美元的减薪，最高管理层人员减薪为10%，李·亚科卡自己的年薪由36万美元降为象征性的1美元。为了拯救克莱斯勒公司，确保65万员工的全体利益，他不是简单地裁员，而是以紧缩开支为突破口，从而提出了"共同牺牲"的战略决策。

　　同时，李·亚科卡还进行一系列大胆改革创新，并要求全体员工团结奋战、共渡难关，从此开始了他另一次的艰苦拼搏。可是这次的拼搏，不论就客观环境或自身条件来说都不及在福特公司工作的时候，但他凭借顽强毅力和坚韧不拔的精神，依靠团队的力量，群体的智慧，顽强拼搏，不断进取，终于使克莱斯勒东山再起！李·亚科卡突出的表现是在 1983 年 6 月克莱斯勒公司比政府所规定的还债期提前 7 年还清了贷款，同年还获得了 9 亿美元纯利润。1985 年一季度再创辉煌成就！纯赚 5 亿美元，跟其他的美国汽车公司的盈利下降形成强烈对比，并创造克莱斯勒公司有史以来最高的纪录。李·亚科卡也获得了"第一位企业界英雄"的美誉。有人专门为他写传记，1984 年李·亚科卡的传记一出版，发行量达到 260 多万册，从而成为美国历史上最畅销的传记书籍。李·亚科卡成为美国人心目中的民族英雄，甚至有人恳请他参加美国总统竞选。

从默默无闻的推销员，成为世界一流企业美国福特公司总经理，正是人生辉煌的时候，却莫名其妙地被福特公司的老板辞退。这时，李·亚科卡像常人一样痛苦不堪，满腔的屈辱、愤慨、沮丧。然而他没有垮掉。在他将要退休的年龄而受命于危难之际，终于获得了自己人生第二次创业的成功。

李·亚科卡的事迹告诫我们：**在实现自己的目标时，只要还没有充分的理由可以否认这个目标，就很需要有坚韧的精神来向这些感受对抗。**在商战中，任何业绩，几乎没有一件不是经过劳累、艰辛和困苦才取得的，如果说在这里肉体上和精神上的弱点常常容易使人屈服，那么只有那种表现为世人受赞赏的坚韧精神的伟大的意志力，才能引导自己达到目标。

对企业家来说，必须具备意志的刚韧相济和顽强有力。若缺少了其中一个方面的因素，在意志的品格上都不算完整，称不上是具有良好健康的意志素质。

"韧"，不仅是指"坚韧"——意志力的顽强；而且也是指"柔韧"，是

企业善于预判外部变化、灵活应对的弹性，是一种"适者生存"的变通的力量。

特别是在当前动荡的商业时代，许多诱惑层出不穷，商业模式各种各样，新兴业态眼花缭乱。"韧"不仅能体现企业一种在变化中生存的本领，更可以让企业找到安身立命的"根本"，在错综复杂的商业环境中能够保持清醒的头脑。

这时，我们尤其需要"韧"的精神。外部的"不确定性"确实无法预见，然而，通过"韧"的斗争，能够最大限度地克服"不确定性"的影响，将企业的前进方向引向辉煌的彼岸。

行 动 指 南

一个企业和企业家必须要具备坚强的意志品质。它是让企业生存得更长久的基因。对企业家来说，只有信念才能够使自己对目标毫不怀疑，并支撑自己行动的坚持，持久不息地为理想奋斗。

面对冲突，保持冷静

经营一家公司，特别是新办一个企业，与一场战斗是一样的。炸弹在四周纷纷爆炸，市场和竞争在时时刻刻不断地变化。你的股票价格也在下挫。面对冲突，你一定要保持冷静。

——西点毕业生、Commerce One 主席　马克·霍夫曼

冷静的头脑有助于做出正确的战略决策。冷静，是一个人的素质体现，也是情感的睿智反映。人生有太多的逆境，它是生活中的偶然。可是在理智面前，偶尔总会带来使人感到快慰的必然。偶然与必然尽管在理论上有差别，而它果断地能够在冷静和智慧中达到完美的统一。在现实世界里，不论做什么事情，我们都需要学会冷静。我们要冷静地去面对一切，掌握主动，决不能意气行事。

克服危机的方法不是轻易就能找到的。可是，若你坚持不懈地寻找新的出路，愿意在成功的可能性极低的情况下去尝试，你便可以找到出路。要保持头脑的清醒，睁大眼睛去寻找那些在危机或困境中可能存在的机会。

凡是杰出的企业领袖具有处变不惊的气质。如果说危急关头不是对企业领导能力的唯一考验，那么至少是严峻考验。出色的企业领导人总是在危急关头要保持镇静，采取明确的对策。

"在西点，评价一个学员的基本标准，就是看他的涵养与做事的风格，看他是否可以成为可塑之才，是否有大将之风。在西点曾经流传这样的故事：学校挖了一个四壁光滑的深坑，要求学员不利用任何工具徒手上来。在这次测验中不少的学员被劝退，而麦克阿瑟在其他人

考试时,仔细观察四周,用手不断地做动作,脚还不停地动着,到他的时候,他仅仅用了 20 分钟就上来了,大家都投来佩服的目光,后来麦克阿瑟成为世界上最著名的将军。"

"沉着冷静是领导者的一种智慧,是领导者自身力量的一种体现,也是领导者的魅力。临危不乱,处变不惊,是一种能力的表现,一种智慧与博学的体现,一种儒雅的大将风度。领导者在任何时候都应该以一种沉着冷静的心态来面对各种紧急危险情况和复杂多变的局面,只有这样才能化险为夷,扭转局面。"

"在军事教育发展方针中,西点明确提出培养学员冷静沉着的性格。西点所培养的并非是不顾一切、不计后果的莽夫,而是临危不惧、沉着冷静的勇者。具有冷静性格的人,能够做到遇事不慌乱。西点不仅培养很多战功显赫的元帅和将军;还培养许许多多世界 500 强的CEO。其秘诀在于他俩都具备一样的素质:即坚强勇敢,冷静沉着。"

马克·霍夫曼认为,军事家遇事要冷静沉着,企业领导者也如此。**企业领导者所面临的企业内外部环境都是发展变化的,特别是当受到市场风云中某种突发事件的冲击时,应镇定自若,冷静分析突发事件的成因,慎之又慎地作出判断。因此说临危不惧,处变不惊,是企业领导者必备的心理品质。**

马克·霍夫曼说:"企业经营之路往往起伏跌宕,我们常常会遇到危急惊险,面对这些我们该怎么办?是听之任之或是沉着冷静地思考?我想,我们应该沉着冷静地思考。"

马克·霍夫曼就是具有冷静性格的智者。西点 69 届毕业生、陆军上尉,马克·霍夫曼先后创办赛贝斯软件公司、英特瓦尔公司以及克玛斯公司。马克·霍夫曼在遭遇困难和突如其来的重大变化时,善于运用以冷对热、以简单对复杂的工作方法和领导艺术,保持沉着冷静,寻找化险为夷的对策,或坚持进攻方向,调整进取方式;或改变方向,进行大规模的战略调整,化危机为发展机遇。

马克·霍夫曼经常强调:在危机面前,最关键的是领导者不要自已慌张、不要自乱阵脚,要冷静分析、沉着应对。

在这个信息时代,企业处在一个非常复杂、变幻无穷的环境之中,不仅要面对非常激烈的市场竞争,而且还要应对各种突如其来的危机。如果忽视这些危机或者不能对危机采取有效的措施,就会给企业带来巨大的损失,甚至造成企业灭亡。当危机来临的时候,企业应当作出必要的反应来挽回损失。

在企业发展史上,还没有一家企业在危机处理问题上像美国强生制药公司那样获得社会公众和舆论的广泛同情。强生公司由于妥善处理"泰莱诺尔"中毒事件以及成功的善后工作而受到人们的称赞,并且获得了美国公关协会当年颁发的银钻奖。

1982 年,美国芝加哥地区发生了有人服用含氰化物的泰诺药片中毒死亡的重大事故,一开始只有 3 人死亡,后来却谣传全美各地高达 250 人死亡。其影响很快地扩散到美国各地,据调查显示有将近 94％的消费者了解泰诺中毒事件。

事件发生之后,在 CEO 吉姆·博克的领导下,强生公司快速地采取了一系列有效措施。首先,强生公司马上抽调很多人对所有药片进行检验。经过强生公司各部门的联合调查,在所有 800 万片药剂的检验中,发现所有受污染的药片只来自一批药,一共不超过 75 片,而且全部在芝加哥地区,不会对全美其他地区有任何影响,而最终确定死亡人数为 7 人,而强生公司仍旧按公司最高危机方案原则,即"在遇到危机时,公司应首先考虑公众和消费者利益",不惜花巨资在最短时间内向各大药店收回了所有的数百万瓶这种药,并花 50 万美元向有关的医生、医院和经销商发出警报。

吉姆·博克在危机面前临危不乱,处变不惊。他凭借着其卓越的危机处理能力,成功地度过了泰诺危机,为强生公司立下了大功劳。

危机发生之前,泰诺占美国止痛药市场中的份额为 35％,年销售额达到 4.5 亿多美元,占强生公司总利润的 15％。危机发生之后,泰诺的市场份额曾经一度下挫。当吉姆·博克得知向药片投毒的疯子已被拘留，事态已经稳定，并未把产品立即投入市场。当时，美国政府正在制定新的药品安全法，要求药品生产企业采用"无污染包装"。吉姆·博克看准了这一时机，马上率先响应新规定，结果在价值 12 亿美元的止痛片市场上挤走了它的竞争对手，仅用 5 个月的时间就夺回了原市场份额的 70％。对此有媒体记者对吉姆·博克的处事风格做"心中冷静如止水"的评价，看来是非常中肯的。

吉姆·博克有一个非常重要的素质，他是非常沉着冷静的人，在面临危机的时候，他有一个素质，能够把自己的焦虑、情绪保留在自己的内心，不会让周围的跟随者看到他的焦虑。事实上接下来的关键点是，不是说在企业管理当中一种面对困难、面对危机的做法，而是在我们日常生活中，每一件小事中形成了领导人的品格和个性，能让我们在困难和危机的时候作出正确的反应，面对这种危机和挑战。所以这是危机管理里面的关键。

成功的领导在突发情况面前，能"临危不惊"。有两个基本点：首先是情绪镇定，即使发生了意外情况，也不惊慌失措；其次是机动灵活，以变应变。

面对危机，性格急躁的人一定失败。**临危不乱，沉着冷静，理智地应对危局，方有可能走出困境，走向成功。**

通常，大多数人都能够控制自己的情绪，也能够作出正确的决策。然而，一旦事态紧急，他们就自乱阵脚，而无法把持自己。生活让人们明白，遇事冷静才能使自己的能力正常发挥，急躁的性格常能使人毁于一旦。

不管发生任何事情，不要先乱了阵脚，必须要保持冷静的头脑。只有保持冷静头脑，你就可以将不可能变为可能。这不仅有利于我们克服性格急躁的弱点，而且还有利于把急躁"冷却"下去，变得清醒。

遇事一定要冷静，在紧要关头只有冷静才能救自己。实际上，成功领导者在任何时候都必须沉着而不能感情用事。这不但是成功的秘诀,而且是战胜危机的最好方法。

对于企业领导者来说,躲过商战上的明枪暗箭容易,时刻保持冷静的头脑却很难。一般来说,多数人在通常情况下都能控制自己的情绪,保持头脑冷静,进而作出正确的决定。但是,不少企业领导人遇到突发事件,表现出急躁的情绪,无法把持自己的情感,通常会作出错误的决定,使企业遭受重大的损失。在实际的管理经验中,遇事冷静才能使自己的能力正常发挥,急躁的性格常只会使企业毁于一旦。

企业在经营中难免都会遇到一些突如其来的变故,只要我们能够冷静面对,灵活处理必定会有好的解决办法。

行 动 指 南

企业领导者要做到遇事不急躁、遇险不惊、临危不乱,必须善于自制,必须能够有效地控制自己的情感和行动。遇事不冷静,凭借自己的一时冲动,往往误了大事,甚至损人害己。因此,在遇事时,只有冷静下来,告诉自己等一等,我们就会控制住自己的情绪。

勇气意味着信心

勇气意味着信心。勇气的心理基础是承担风险,也就是领导人的使命感、责任心。

——西点毕业生、美国汽车保险公司总裁　麦克·德莫特

勇气的内涵是一种信念,一种执着。企业面临的竞争越来越激烈,只有那些具有勇气去挑战困难的企业领导,才有可能获得发展的机遇。

有了勇气就意味着一切,如果没有勇气就没有责任,也没有荣誉,更不能坚持。作为西点毕业生的麦克·德莫特介绍:在西点,教官讲解领导力课时,一般要播放美国影片《拯救大兵瑞恩》中美军诺曼底登陆时遭遇德军激烈反抗的镜头,接下来的讨论常常涉及"若西点学员面临这种局面,是否有勇气去参战?"的问题。为了提高西点学员的勇气,西点领导常常派学员到伊拉克或阿富汗战场进行实战体验,并通过卫星将他们的体会传送回课堂加以讨论。在军事和体能训练中,西点学员经常要参与很多高难度、高惊险的活动来不断提高自己的勇气。

麦克·德莫特还讲述了在西点广为流传的故事:

在美国南北战争进行的关键时刻,林肯总统看了一眼身边坐着的几个人,严肃地问:"谁能执行这个任务?"

所有的人面面相觑,会议厅里沉默了良久。毫无疑问,总统所指派的任务是艰巨的。因此,很多德高望重、作战经验丰富的将军都没有勇气回答总统的询问。

"我能，阁下。"一个人站起来说。这个人就是格兰特。而格兰特后来之所以从上校晋升为准将、少将、联邦军队总指挥官，最后成为两任总统，除了他天才的军事指挥才能外，还有一个不可忽略的原因——勇气！他信守承诺，他对任何事情都抱有无比的热情。

在美国内战初期，林肯总统用了很长的一段时间来寻找一位能忠实执行自己旨意，又能统率联邦军队的将军。随着战争不断变化，林肯总统先后任用了四位联邦军队的总指挥官。

第一任：斯科特将军；

第二任：麦克道尔将军；

第三任：麦克莱伦将军；

第四任：哈勒克将军。

无论是战争经验，还是个人资历，这四位将军都超过了格兰特。但是为什么像格兰特这样的人最终会成为总指挥官呢？用林肯总统的话来说："是勇气！格兰特是一个言出必行，可以承担重任的人。"

在战争进入白热化阶段时，几位指挥官都没有实现对总统先生的承诺，即主动进攻敌军，而是百般寻找借口推卸责任，以至于林肯总统不得不亲自上阵指挥作战。

在林肯总统衡量的"总指挥官"的标准中，第一条就是有勇气，要勇于负责，因为勇气比经验更重要。而前几任指挥官之所以能取得总统先生的信任，是他们在接受"总指挥官"的头衔时，都信誓旦旦地向总统保证：立即出兵，主动歼击敌人。但是一转身，他们就忘了自己对总统的承诺，并且在总统的百般催促下，还是踌躇不前。这时，林肯总统就只有放弃了对他们的信任，而选择了格兰特。

格兰特虽然打过败仗，但他始终恪守对林肯总统的承诺：主动出击，夺取最后的胜利。即使在兵员伤亡惨重、物质极为缺乏的情况下，他还是遵守着自己的承诺，出击，出击，直到率领部队渡过密西西比河，向南挺进。

1862 年 2 月 6 日，格兰特率领自己的部队在海军的炮艇护送下，乘运输汽船沿着田纳西河而上,开始了这次具有历史意义的战役。炮艇首先轰击了亨利要塞,格兰特的军队乘势冲进去,攻下了该要塞。但南方军队大多数已退到多纳尔森要塞。格兰特指挥部队急行军直逼对方城下,并布下了包围圈。格兰特以海军炮艇封锁坎伯兰河,以陆军三面围城,多纳尔森的守军补给完全被切断。

南方军队只好竖起白旗,当15000名士兵放下武器时,格兰特取得了北方到那时为止的第一次重大胜利,从而收复了肯塔基州。

当美国总统林肯接到来自格兰特的军事捷报时,当时只说了一句:"干得好,格兰特!"

格兰特信守了自己的承诺,虽然承诺完成任务让他承担了极大的风险和巨大的压力,但是他最终出色地完成了任务——收复了肯塔基州。这一战,改变了美国的历史。

"勇气"是一种无形的利器。没有勇气,就无法保证完成任务,无论困难有多大,只要有勇气,就绝不会轻言放弃。

麦克·德莫特说,西点尊敬格兰特这样的勇者,西点崇尚这种勇敢精神。因此西点教导每个学员:只有勇敢精神让平凡的自己作出惊人的事业。

勇气对我们每个人来说都非常重要,我们每天都要为一些事情作出决定,一旦作出决定后,必须立即行动,如果没有勇气,我们就会回避困难,一味退缩,而这将会使自己失去很多锻炼的机会,也会给企业带来损失。

麦克·德莫特认为:在评价领导者的行为时,人们往往用四个词来称赞一位领导人的伟大。那就是——远见、务实、开拓以及勇气。首先,一个领导者是一个开拓者和勇敢者,是一个敢做敢当的人。**一个总是缩头缩脑,不敢为天下先的人,不可能成为一名出色的领导。**

麦克·德莫特就是一个开拓和勇敢的领导人。麦克·德莫特是美国汽车保险公司总裁,公司原先的情况一团糟——客户满意度低、管理混乱,员工也难以管束。为了挽救该公司,他首先将公司的状况原原本本地告诉了大家,然后帮助员工制定了可行的目标,鼓励他们克服困难,要求大家同心协力、共渡难关。从他第一次在公司会议上所发表的演讲,能够看到一位矢志改革的领导人所具备的勇气:

"现在,我们正处危机之中。虽说形势险峻,但并非已无药可救。之所以这么说,是因为我以前曾帮助别的企业转危为安。因此,我需要你们的帮助。也就是说,要么你跟着我好好干,要么就立马走人。"

说出这样的话是需要勇气的。当领导者带领企业进行变革时,勇气必不可少。要知道,有些人一开始并不愿意接受新的观点,或是对新的行动诉求怀有抵触情绪。大多数人并不具备想要变革的经理所具备的勇气,因为这可能会影响到他们的现实利益。

在很多情况下,企业需要勇敢的领导者。勇敢的领导者有勇气坚持自己的判断,发现尚不存在的或他人看不到的市场。因此,勇气成了企业寻找领导人最看重的因素之一。

当企业寻找勇敢的领导者时,他们会对候选人的自信程度、知识与情绪的完整性作评估。Google出示了该公司使用的一份评估表。他们能否坚持自己认为是正确的东西?能否根据现实的状况,对自己的想法与思考方式做出改进?他们能否承认自己所犯的错误,愿意对自己的行为与想法承担责任,并对此错误进行深入的探讨?

该公司对勇气进行了详细定义:

愿意提出自己的观点,哪怕这些观点并不受人欢迎;不会为了规避冲突而屈服于压力或他人的观点;会做对公司与员工正确的事,即使这将给他个人带来麻烦。

Google的CEO施密特就是这种勇者。Google找到他之前,曾与很多CEO候选人接触,但他们都说不清Google未来将去向何方。施密特就显示出了非凡的能力,他对公司未来的构想甚至连Google的两位创始人佩奇和布林都很吃惊。

施密特说,当初他与两位老板交流时,他们对我说的每一件事均不同意。譬如,他们不能理解为何公司就不能保持较小的规模——在施密特的构想中,Google 的将来必然要做大。后来,Google 公司在施密特的主导下进行了大刀阔斧的改革。

这些数字最能说明问题:2001 年施密特刚进入 Google 的时候,公司的年收入只有 8640 万美元。在他的领导下,目前 Google 的年收入达到 30 亿多美元。

勇气者,决心也。勇气就是敢想敢干、毫不畏惧的气概。在公司面临存亡关键时,领导者需要有勇气面对现实,作出抉择,并敢于承担责任。

行 动 指 南

勇气是一个领导者必备的首要素质。"将帅不勇,何以将帅"。领导者的性格与个性对于成功的管理具有较大的影响。无论做什么事,敢想、敢干是实现既定目标的前提,管理上也是如此,因此在企业领导要加强敢想敢做的勇气。

勇于接受挑战

勇于接受挑战。世界上没有任何事能取代"挑战"。

——西点毕业生、商业大亨　斯科特·斯奈尔

要想让企业永续存在下去,就必须不断接受挑战。企业领导敢于对未来挑战,并且完全对未来充满信心。只有勇敢面对企业遇到今天或明天的很多挑战,迎难而上才能成功。

斯科特·斯奈尔,毕业于西点军校,20 世纪 90 年代初的海湾战争中担任美军炮兵排长。之后转业到私人企业,曾担任威瑞森、国际纸业等公司的副总裁。

作为西点毕业生的斯科特·斯奈尔说:"当我们处于舒适区之外并尝试新东西时,我们才能学习。"他并介绍:

"当新学员考入西点军校的时候,他们便开始处于舒适区之外了。从怎样擦皮鞋开始,挑战无所不在。"

当然,西点教官会给新学员们设定一些不容易达到的目标,促使新学员学会能解决问题,并不断地适应自己新的角色定位。

在一次试验中,学员们被教官请进催泪毒气室。"只有在极其恶劣的条件下,学员才得以成长。"在这样的教学方针指导下,新学员获得了一次成长的机会,在毒气室里回答很多问题,此后才了解防毒面具过滤毒气的效果。

"极限"是一个关键词,在体能和智力上,学员都不断地受到这些挑战。他们每天都要应付学习、体能或军事训练的沉重压力,必须做好充分的心理和体能准备,合理安排时间,以积极的态度对付每一个

挑战。在西点，尽管压力很大，但是看不到学生脸上的沮丧。每个人似乎对前途都充满希望。他们阳光的笑容仿佛没有任何东西能摧毁。

在西点学员们眼里，任何事情都敢做，任何困难不会吓倒他们。如果没有经历过严格训练的人，就难以体会训练的艰难。学员们在训练中不断地战胜自己，他们总能敢于挑战原来不敢做的事情，也许，这也是他们能够在日后有所成就的一个重要原因。

斯科特·斯奈尔认为，对企业领导来说，**应该跳出自己的舒适区，挑战自己**。

舒适区就是令人感到舒适的一个区域，它包括熟悉的环境，认识的人，以及自己擅长做的事，这些都会让我们感到很轻松、自在。如果一旦跳出这个圈子，面对不熟悉的变化和挑战，就会使人感到不舒适。很多企业领导也被这样无形的舒适区所束缚，不但放弃了变得更好的可能，而且有被淘汰的危险。

斯科特·斯奈尔说，"比如现行的商业模式，生意的区域，以及对于企业一贯的管理方式等。我希望企业领导都能认识到一点，就是我们今天身处的世界随时在变化，今天管用的东西，很可能明天就不管用了。所以，如果一个企业领导相信那些在今天管用的东西（也就是'舒适区'内的东西），在明天依然管用，从而不愿意迈出自己的'舒适区'，那他就很危险了。"

很多最终走向大败局的企业，这些企业领导相信可靠且久经考验的做法，却不料加速了公司的衰败。为了在一个变化多端的世界追求确定性，他们依靠不合时宜的以往经验。

斯科特·斯奈尔认为，任何事物都是变化发展的，面对经济市场的复杂多变，企业的改变必然会出现在企业管理者面前。变革的动机是摒弃那些与企业经济发展不相适应的部分，吸纳和创新适应企业参与市场竞争的部分。

斯科特·斯奈尔思想解放，自信、勇敢，痛恨官僚，他富于冒险，敢于挑战，在企业经营管理中大胆尝试不断创新，创造了一个又一个奇迹。

斯科特·斯奈尔认为惧怕变革将一事无成。"应该考虑变革",他说,"变革,能使人们保持清醒和警觉,并随时准备行动。"在斯科特·斯奈尔的企业里,变革简直是家常便饭。斯科特·斯奈尔曾经为企业进行重组行动,他又不停地修订着公司的很多发展计划,目标只有一个,就是发展,而手段和方法则在不断更新。斯科特·斯奈尔对他的经理们说,要把每一天都当做你参加工作的第一天,以崭新的视角审视你的工作,进行任何必要的有利的改进。这样,你才不会因循守旧。

在日新月异的新科技发展的时代,卓越的公司能够不断调整自己,最终生存下来。事实上,在过去的 100 年中,大多数可以真正称得上是卓越的公司,从默克到雅培,从宝洁到金佰利,从沃尔玛到沃尔格林,它们的发展都来源于曾经经历过电子时代、电视时代和互联网时代等几代技术的变革。它们以前一直不断地调整自己,最后脱颖而出。即使是最优秀的公司还需要不断地调整,以适应时代的变化。

唯有企业依靠不断地创新所带来的短期优势以获得高额的"创新"利润,而不是试图维持原来的技术或者产品优势。

美国企业大多数把创新和变革作为公司经营基本理念,他们彻底抛弃僵化和保守,推崇灵活变化的策略,在创新和变化中去寻找机会。他们普遍有一种强烈的忧患意识和时不我待的紧迫感和危机感,及时把握创新的机会,并且敢于淘汰自己的技术或产品。

很多美国企业信奉"世界属于不满足的人们"这句格言,极少陶醉在过去的成功之中,而是善于忘掉"过去",面向未来,勇于变革。

惠普公司原董事长兼 CEO 卢·普拉特说:"过去的辉煌只属于过去而非将来。"未来学家托夫勒也曾经指出:"生存的第一定律是:没有什么比昨天的成功更加危险。"

比尔·盖茨反复向员工强调:"微软离破产永远只有 18 个月。"意在使员工保持创新的紧迫感。

英特尔的前总裁葛洛夫也有一句名言，即"唯有忧患意识，才能永远长存"，并说英特尔公司一直战战兢兢，不敢有丝毫懈怠，"让对手永远跟着我们"。

这种强烈的忧患意识和危机理念赋予美国企业一种创新的紧迫感和敏锐性，使企业始终保持着旺盛的创新能力。

因此，企业领导必须跳出自己的舒适区，勇于变革，才能应对复杂的经济环境中每天出现的挑战。

行 动 指 南

企业领导勇于接受挑战。在激烈的商界拉锯战中，勇者总是拔头筹，从不说"不"，只有"是"。

第七章
尊重别人

　　尊重应该成为企业管理的第一宗旨。企业领导者必须友爱员工，尊重员工的人格尊严；通过向他们灌输工作中的主人翁精神，尽最大努力帮助员工实现梦想和完成个人的职责。成功领导者是能够包容异己的。领导者还应该营造良好的氛围，使得企业员工都能活得有尊严，受到尊重。员工只有感觉到自己被尊重，才会竭尽全力地为企业贡献自己的聪明才智。要创造一个有益于创造性思维和自主行为的工作环境——互信、理解和尊重个人。

➤ 人格是领导者最重要的特质——宝洁 CEO 麦克唐纳德
➤ 员工有做管理者的愿望是责任心的驱动——美国在线 CEO 詹姆斯·金姆斯
➤ 想得到尊敬，就必须尊重别人——艾迪公司总裁杰斐尔·亚瑟
➤ 建立信任——科恩集团 CEO 威廉·科恩
➤ 容忍别人不友好的态度——商业大亨马克斯韦尔

人格是领导者最重要的特质

在西点军校,我学习到人格是领导者最重要的特质。所谓人格,即将集体的需求置于个人需求之上。

——西点毕业生、宝洁 CEO　麦克唐纳德

高尚的人格是个人和企业的力量源泉,是世界上最强大的动力之一,也是领导人最根本的素质。

"人格魅力"最重要的观念是:要以别人为重。**能够先想到别人,顾全别人需要的领导,正是有魅力的领导。**

麦克唐纳德介绍说,"刚进西点,我便得知,军人只许用四种方式回答问题:'是'、'否'、'没有借口'以及'我不懂',而这四种答案都关系到人格。回答问题不能模棱两可,也不许寻找借口。"

"在西点时,我还学会'宁愿做极其困难的正确事,而不做极其容易的错误事'。人们都知道做错误的事远比做正确的事更容易,言行一致的领导人往往去做正确但不受欢迎的事。要始终坚持'做极其困难而正确的事'这一原则,领导者应当坚信,受明确的个人价值观指导的生活,比起以自我为中心的生活,能带来更大的满足感。如果要达到这种理想的品质,就需要决心、勇气、正直和自律。一个领导者最好做法是:言必信,行必果。"

麦克唐纳德认为,**领导力就是人格魅力。领导人格魅力是诚信、远见、激情、胜任、谦卑、冒险精神、责任心、创造力的总合。**

虽然宝洁公司不是军校,没有那么严格的要求,然而在领导才能

的培训中,麦克唐纳德还是用了类似西点军校的做法。

"当我在军队里任军官时,我常常在下令士兵先吃饭,而我总是最后的一个。在宝洁公司,领导往往得以个人名义对整个团队造成的结果负责。"

"我曾当过伞兵,曾连续跳过 120 次伞。有一次,在跳伞过程中,我的降落伞不能打开,我非常惊恐,努力地用了备降伞才得以安全着陆。如今,我是一个公司领导者,每当我在工作中出现很多困难时,我就不由自主地想起那次惊险的跳伞,比起那时候所面对的困难,现在的难题就容易解决多了。有了这段军队服役的经历,对我现在从事商业带来很大的帮助是:我知道怎样在一个很危险的环境中,大家只有相互支持,彼此帮助,才能建立起一种互相的信任关系。同时,我也学会了懂得欣赏别人。"

"在我生命的每一层面,无论是哪个工作岗位,哪个国家,什么时候,我从来没有遇见不想要成功的人。所有我见过的人都想要成功,因此,领导者的任务就是帮助员工获得成就感。"在《我的信念》里,这位出身西点军校的宝洁 CEO 这样表达他对"领导者"的思考。

要真正塑造起完美的领导性格,要求具备勇气、决心、诚实和自律。领导者的语言和行动就是自己的生存之本,它们也正是领导能力最强有力的证明。

1975 年,麦克唐纳德以优异成绩从西点军校毕业。毕业后在服役于美国陆军 5 年,任上尉军衔期间,就主要服务于美国第 82 空降师——有着"美国陆军第一师"的称号。在此期间,他不仅获得了空降、突击、丛林、极地和沙漠地带作战、跳伞、专业步兵及高级伞兵等资格,还于 1978 年获得犹他大学工商管理硕士学位。在退伍时,麦克唐纳德还荣获了"荣誉服役勋章"。

1980 年,麦克唐纳德去应聘宝洁公司的销售职位,接待他的是当时 Dawn 品牌负责人,后来成为宝洁 CEO 的雷富礼。同样是军人出身的雷富礼十分青睐麦克唐纳德,他当即决定录用麦克唐纳德,并让后者成为自己的直接下属。2010 年,麦克唐纳德成为宝洁公司第 12 任 CEO。

麦克唐纳德就是具有人格魅力的领导者。曾经与麦克唐纳德共事过的加里·斯蒂贝尔则表示:"麦克唐纳德有着丰富的经验,他是一个自律、持之以恒的人,因此他完全符合宝洁的需要。"雷富礼则认为麦克唐纳德更像自己的前任白波。"他们都很谦虚,像一个兢兢业业的仆人,与周围每一个人打招呼,并安分地做好自己的工作。"

人格是一个人品质、意志和作风的集中体现。优秀的人格本位得到他人的称赞,于是就产生了人格魅力。

企业领导的基本点就是要具备人格魅力。何为人格魅力? 人格魅力则指一个人在性格、气质、能力、道德品质等方面具有的很能吸引人的力量。在企业如果一个领导者能受到员工的欢迎和接纳,那么,他实际上就具备了一定的人格。

莫洛是美国纽约最著名的摩根银行的董事长兼总经理,他那总经理的宝座,使他年收入高达 100 万美元。他最初不过在一个小法庭做书记员而已,后来他的事业得以如此惊人的发展,究竟靠的是什么法宝作后盾呢? 莫洛一生中最重大的一件事就是他博得了大财团摩根的青睐,从而一蹴而就,成为全国瞩目的商业巨子。据说摩根挑选莫洛担任这一要职,不仅是因为他在经济界享有盛誉,而且更多的是因为他的人格非常高尚的缘故。范登里普出任联邦纽约市银行行长时,他挑选手下重要的行政助理,首先便是以人格高尚为首选标准。杰弗德便是一个从地位卑微的会计,步步高升,后来任美国电报电话公司总经理的例子。他常对人说,他认为人格是事业成功的最重要的因素之一。他说:"没有人能准确地说出人格是什么,但如果一个人没有健全的特性,便是没有人格。人格在一切事业中都极其重要,这是毋庸讳言的。"像摩根、范登里普、杰弗德等领袖人物,都非常看重人格,认为一个人的最大财产,就是人格。

现代管理学认为，人格魅力是领导艺术的集中体现。杰克·韦尔奇和摩根是创造现代企业管理神话的两个传奇人物，在他们成功的因素中人格魅力占据了重要的位置。

这些非凡的人通过他们的言行散发出人格魅力，凝聚成一种无形的巨大力量，使追随者心甘情愿地追随其左右，而且在优势富集效应的作用下，越来越多的追随者加入其中，终成浩浩荡荡的人脉洪流，势不可挡，成功已成必然。

真正的人格魅力是一种辉煌，一种空气中无形的麝香。领导能力的重要方面，是领导人格魅力。权力是法定的，外界赋予的；人格魅力则是领导者自身的行为和素质形成的。人格魅力的形成源于品格。一个有品格的领导要追求公正，评定是非，在行动中还要表现出很大的勇气与承诺。品格不仅涉及伦理道德的最高准则，同时包含坚定、决断、自我约束和判断力。

对于任何一个人来说，绝不会轻易地获得富有魅力的人格。**要想获得一定的人格魅力，必须接受一定的思想，丰富自己的内涵，修炼较高的德行，升华自身的境界。**

行 动 指 南

企业领导者行为的成功与否，直接受制于自身的影响力。企业领导者自身的人格魅力是构成其自身影响力的重要因素之一。一个具有人格魅力的领导人拥有无形的力量，能帮助每个团队成员实现自己最卓越的表现，能使整个团队更紧密地结合在一起。它不仅是属于领导者个人的，而且是整个团队和整个系统的财富。

员工有做管理者的愿望
是责任心的驱动

西点要求每个学员都有做将军的愿望与每个员工都必须有做公司管理者的愿望一样，这是责任心的驱动。

——西点毕业生、美国在线 CEO　詹姆斯·金姆斯

企业领导者必须友爱对待员工，并尊重员工的人格尊严；通过向他们灌输工作中的主人翁精神，尽最大努力帮助员工实现梦想和完成个人的职责。假如一个企业希望得到可持续发展，在市场上具有长久的竞争力，就应该培养企业员工的主人翁意识。

毕业于西点的美国在线 CEO 詹姆斯·金姆斯说："我出身军营与能在商业上作出成绩并不矛盾，其实西点培养的并不仅仅是军事人才，我在那里学到了很多东西，包括怎样定位自己。西点要求每个学员都有做将军的愿望与每个员工都必须有做公司管理者的愿望一样，这是责任心的驱动。"

詹姆斯·金姆斯认为，**责任意味着牺牲，意味着付出。一个领导必须让下属在没有任何怨言与借口时，学会主动地担当责任，去完成任何艰巨任务**。同样，企业也如此。

在詹姆斯·金姆斯所领导美国在线公司里，对于每一名员工所扮演的角色，在美国在线称员工为"企业内部的企业家"，哪怕是刚进入不久的新人也如此。在美国在线提倡员工自己必须是自身发展的主导者和管理者，推动员工获得职业生涯成功的主要力量必须是员工自身。在美国在线认为，每一个员工必须审视自身，知道自己的个性、特

长以及兴趣,给自己有一个明确定位,以确定长期发展目标。还要分析达到此目标需要具备什么样的知识和技能。若某些知识和技能还不足够,就必须马上通过培训完善自我,最终促进本身职业生涯的持续发展。

通过这些激发了员工的主人翁意识,使员工在公司内部形成巨大的凝聚力和良好的团队氛围,进而带动所有员工朝企业的愿景和战略目标自觉努力。

试用期内,美国在线会为新员工介绍公司的组织机构、企业文化及其工作内容等,组织新员工参加新员工研讨会,帮助新员工在融入过程中,在未来的几个月时间内能够学到什么、理解什么以及做到什么,帮助新员工建立内部的工作网络等。美国在线所做的一切无疑会使新员工感受到强烈的归属感,并在接下来的工作中自然产生为企业效力的主人翁意识。

詹姆斯·金姆斯强调的是,**人本思想在企业管理中要达到的终极目的就是让员工学会担当责任和激发自己的主人翁意识**。

其实,人并不是简单的"经济人",而是除了最基本的生活、安全等物质需求外,还有更高层次的东西,如归属感、被尊重、自我实现等精神需求。

因此,领导者创造一个有益于创造性思维和自主行为的工作环境;以长远眼光开发和管理人力资源,提升员工的能力;创造成熟的组织文化——互信、理解和尊重个人。

美国石油大亨保罗·盖蒂懂得这个道理,在发挥员工的积极性时,就应该重视感情的因素,要对员工关心备至,动之以情、晓之以理,使员工对公司产生特殊的感情,对公司事业也就会全力去支持。

在森林里曾经有一块空地,那块地的拥有者愿意出租。而不少的石油公司嫌这块地面积不够大,而且道路无法铺设而放弃了。保罗·盖蒂及其员工也实地考察了这块地,他们发现这里是能够开采出石油的。保罗·盖蒂经过认真地分析和研究,认为这块地也没有多大前途,因为这块土地有几项劣势:第一,面积太小,甚至比一间房子还小;第二,交通不方便,唯一通到这块地的只有一条小路,还只有 4 尺宽,卡车没有办法开进去;第三,由于这块地太小,不适合用一般的开采办法进行开采。

经过仔细分析,开始保罗·盖蒂准备放弃租用此地,员工们也都没什么反对意见。不过保罗·盖蒂仔细想想,还是决定让员工们一起讨论一下,各抒己见,看看是否有办法克服这块地的劣势。员工们见领导这样信任他们,非常受感动和激发,因此他们毫无拘束地讨论起来,发挥自己的想象,因而很多好主意就接二连三地出来了。

"我想我们能应用小一号的工具去挖掘",一位员工仔细考虑之后突然说。

这位员工的一句话,给保罗·盖蒂带来了一点启示,他一直认为交通是这块狭小油田得到开发的死结,如果可以使用小一号工具挖井,那么为什么不可以考虑使用小一号的铁路作为通向这块油田的交通工具呢? 于是,他顺着那位提建议的员工的话接着说:"如果我们能找到人设计和制造出小一号的工具,那么我们公司就可以着手在这块地开采石油。但是,一个新的问题又出现了,如开采出了石油,怎么使用小一号交通工具把那里的石油运出来? 刚才那位员工的主意非常好,希望大家可以大胆地发挥自己的智慧!"

员工们听保罗·盖蒂如此一讲,受到很大鼓舞,他们都在开动脑筋想办法。由于这些员工都是长期与油田打交道,他们在工作过程中,积累挖井采油的方法,同时,又练就了很多克难制胜的本领,每个人都有许许多多的体会和经验。所以,大家都畅所欲言,将自己的想法发表出来,人多力量大在这时得到了充分的体现,员工你一言我一语,由小一号挖井工具谈到小一号铁路和火车问题,进而又谈及设计和制造这些工具以及交通工具的具体方案,在谈话过程中,不断地谈出了新的问题,都得到了很好的解决方案。

在保罗·盖蒂的大力激励和鼓动下，经过大家的商讨，为开发森林里那块含油丰富的小油田找到了一个较为合理的方案。保罗·盖蒂决定用小型铁路和小型器材进入那块油田。后来，在所有员工的共同努力下，盖蒂石油公司终于在那块地上挖出了第一口井，并且后来接二连三地挖出好几口井，最令人欣慰的是，每口井都产出大量原油，每天共产油 17 000 多桶。在短短几年间，这块油田就为保罗·盖蒂带来了数百万美元的利润。

盖蒂石油公司在这块油田开发的成功很大程度上归功于保罗·盖蒂的用人招数——大胆地让员工放开表达自己的想法，传递自己的智慧。

盖蒂石油公司的成功告诉我们，**企业领导必须学会调动员工的积极性和主动性，这样才能实现更多的产出。**

员工主人翁意识，是一种积极向上的价值观念和完整的心理机制，不可能自发地产生，因此，激发企业员工的主人翁意识，必须调动每个员工的积极性、主动性、创造性，必须进一步确立责任明晰、赏罚严明的有效责任制度，按照每个单位、每个岗位的职能分工，层层分解，落实到人。重要的是，在经营理念中，一定要树立正确的人本思想，充分地、全方位地培养和激发企业员工的主人翁意识，不断优化企业内部人力环境，以形成上下左右，戮力同心，促进企业的茁壮发展。

行 动 指 南

企业领导只有真正激发出员工主人翁意识，才能实现统一思想、企业奋斗的目标，才能充分调动员工能动性，挖掘人才潜力，增强企业凝聚力，提高企业战斗力。

想得到尊敬，就必须尊重别人

西点告诫每位学员，想得到别人的尊敬，就必须尊重别人。

——西点毕业生、艾迪公司总裁 杰斐尔·亚瑟

尊重意味着认可并欣赏所有人的尊严和价值。每个人都渴望得到别人的尊重，作为企业领导，更渴望得到自己属下的尊重，这样可以让自己很有面子。有这种想法，可以理解。但是作为一位企业领导更要明白：**只有尊重自己的员工，才能赢得员工的尊重。**

杰斐尔·亚瑟介绍说，西点教官与学员们之间关系牢固，能够从他们的相互尊重、信任和信心程度以及道德程度上得到反映。其中更重要的是教官要尊重学员的人格，无论是任何种族和性别，必须平等待人。

在西点，一直贯彻的一种领导理念就是"尊重下属"。好莱坞的电影经常会刻画一些领导的形象，对下属的人格不尊重，甚至虐待他们。但在目前的军队中，这种情况已经不存在了。领导必须尊重下属的人格和尊严。同样如此，在商业领域里，这些原则也一样适用。否则，下属就会选择远离这些人的领导，跳槽到其他工作环境和氛围更加和谐融洽的公司去。

杰斐尔·亚瑟认为，员工只有感觉到自己被尊重，才会竭尽全力地为企业贡献自己的聪明才智。因此，**尊重应当成为企业管理的第一宗旨。**

杰斐尔·亚瑟倡导"尊重"的企业文化，"尊重"成为他所领导艾迪

公司的企业文化建设的一部分。艾迪公司规定：公司一级及下属各层管理者的办公室的大门要始终敞开着，意在表明，领导者与一般员工是平等的，始终保持着交流，准许员工随时进入领导者的办公室提出意见和发泄不满。而且还要向员工说明，领导者和员工一样必须全力以赴地投入工作当中，不得在企业内部办理个人的私事。

尊重是促使员工自动自发地高速前进的助推器。1929年，美国哈佛大学的心理病理学教授梅奥进行了著名的"霍桑工厂实验"，他在这个实验中发现：员工的工作效率与工厂环境和福利待遇并没有很明显的关系，但却受心理因素和社会因素的很大影响。美国哈佛大学教授詹姆士也在研究中得出这样的结论：员工在实行计时工资时只发挥其能力的30%，而在受到激励的时候能发挥其能力的90%。所以，企业领导者应当把物质激励与精神激励有机地结合起来，既要把员工当作是"自然人"，满足他们的物质需求，又要把员工视为是"社会人"，给予他们权利、关心、彼此认同、成长的空间以及自我实现的机会等等。

摩托罗拉公司的创始人高尔文说过这样的一句名言：对每一个人的尊重都要保持永远不变。在这种理念的指导下，高尔文在创办摩托罗拉公司之初就在这个基础上形成了一整套以尊重人为宗旨的企业制度，并将这种思想渗透到公司文化的各个方面。

在摩托罗拉，人格尊严主要包括：

（1）和谐的工作环境；（2）明确的个人前途；（3）开放的沟通渠道；（4）足够的隐私空间；（5）充分的培训机会；（6）平和的离职安排。

在辞职问题上，更能体现出摩托罗拉公司对员工的尊重。公司尽最大努力以免裁员，当应该裁员的时候，裁员名单要按员工的业绩、技能和工作年限等作出抉择。譬如，在公司工作满10年的员工没有经过总裁批准不得列入裁员的名单。当员工因个人或者公司业务的需要而离开的时候，公司还要提供很多的帮助。比如，发放补偿金、安排其他工作、帮助介绍工作等。摩托罗拉公司以人为本、尊重个人、发挥个人的潜能、实现个人价值与公司共同发展的经营理念,从而形成了员工与公司相互尊重的文化氛围,并创造了很好的工作环境。

摩托罗拉公司是以尊重为管理的基础。创始人高尔文认为,尊重包括有四种含义:(1) 肯定个人价值;(2) 给予特殊信赖;(3) 创造和谐氛围;(4) 满足具体要求。

在摩托罗拉公司,一切规章制度、关键举措、重大活动都有很高的透明度。高尔文在公司里还设立了"畅所欲言"信箱,员工可以对公司各项事务提出建议或者投诉。高尔文常常召开经理人座谈会,员工可以与领导面对面进行交流,讨论一切具体问题。为此,公司还特意设计了"肯定人格尊严"的答卷:

(1) 你的工作是否确定而充实?

(2) 你的培训是否适当而积极?

(3) 你如何掌握具体工作规范?

(4) 你如何认识自身职业前途?

(5) 你能否得到最及时的反馈?

(6) 你能否得到最公正的对待?

任何一个成功企业均离不开互相尊重与员工的智慧,绝不能脱离员工,必须相互关心和帮助、尊重人格、富有同情心、要有必要的奖赏、要有良好的沟通。

企业文化就是要创建一个人性化的管理,要舒适、友好、尊重、同心协力、集思广益、关心体贴员工的工作和生活,合理的薪金制度,能保证员工赚更多钱的自由发展空间,让员工都能从工作中受益,享受美好的生活,这些品质与美德对企业绩效是很有效的,并且对那些优秀的人才具有更大的吸引力。

尊重是企业管理中一种最人性化、最有效的激励方式。企业领导者只有首先尊重员工,才会得到员工对公司惊人的回报。因此,现代企业应该倡导"以人为本"的管理模式,而"以人为本"的首要法则就是尊重员工。

行动指南

领导者必须营造良好的氛围,使得每个人都能活得有尊严,受到尊重。企业领导者必须尊重自己的员工,这种尊重会使员工产生一种由衷的自豪感,从而激发他们为企业拼命的工作热情。

建 立 信 任

建立信任。一个领导者是否有能力让士兵跟随你冲进枪林弹雨,取决于你是否有能力让士兵相信你。

——西点毕业生、科恩集团 CEO 威廉·科恩

对于企业领导者而言,只有信任才可以促使企业成长,信任能使企业领导者与员工很容易地结合在一起。联系企业领导者与员工共同奋斗的纽带是建立信任,信任可以促进企业领导者与员工的基石,当一个企业领导者通过自己领导风格获得员工的信任时,这种相互作用就可以产生了。

企业领导才能够让下属信赖和信服,他才愿意让下属追随他,为了他既定的目标赴汤蹈火。

威廉·科恩是西点毕业生。担任过美国国防部长和参议员,现任美国科恩集团董事长和CEO。他回忆说:"在西点军校,有一次我带着一支由新学员组成的团队参加基础训练,我认为我应该像其他教官一样去领导——对新学员施加压力,大声地吼叫。然而最终我带领的团队成绩非常差,这样大家憎恨我。这个经历对我来说是很大的打击。这一次我终于懂得了:作为领导者,不是发号施令,也不是施加压力,而是鼓动,是获得大家信任。领导者一旦拥有大家的信任,让他们按照同一个曲谱演奏,他们的表现不会让你失望的。因而,对他们领导便变得非常容易。"

威廉·科恩认为,**如果要让下属跟从领导,就一定要取得他们的信任。**任何成功的领导一定要使他人对其产生信任感。并不是别人

要求他们这样做,而是他们出于对领导者的信任。

信任就是动力,信任就是最高的奖赏。同样,对一个企业来说,如何培养信任是管理的一个很高的境界。它不是科学,而是一种艺术。

作为一个领导,就是人们所信任的。而且人们能够听你的指挥,即使遇到一些很难的问题也会听你的指挥。

科恩集团是一家国际商务顾问公司。当科恩集团创建的时候,创始人威廉·科恩采用了一套独特的领导方式:建立一种信任的企业文化。这位西点出身的创始人将西点"信任"的理念注入自己的公司。作为科恩集团CEO,科恩始终坚持这样的一条信条:"信任就是公司领导者的灵魂。你做出的决定必须建立在信任员工基础之上。"他认为,只有员工信任公司会为他们着想时,他们才认同公司的价值观和理念。

科恩说:"如果一个公司领导人能够获得员工对他的信任,他就取得了很了不起的成就,即建立了一个很好的领导环境。只有当员工信任公司领导人时,领导才能得以继续下去。公司领导人的信任度决定了员工是否愿意奉献更多的精力、智慧、创造力以及支持。"

科恩讲述自己是如何赢得下属和员工信任的。

给予尊重。公司领导人只有尊重员工的人格、尊重员工的成果,才会使员工热爱自己的工作和公司。科恩告诉员工,他会依靠他们,他所做的就是让他们变得更好。科恩知道,若要赢得员工的忠诚,就必须要建立起他们的自尊。

言行一致。公司领导人要言行一致,不能说一套做一套。言语和行为的不一致是会影响员工的信任。一旦领导者的语言和行动出现了不一致的情况,公司领导人将失去过去赢得的员工信任。公司领导人必须要兑现自己的诺言和约定。科恩往往不会轻易许诺,在许诺之前,他认真检查自己所做出的决定和采取的行动是否达到一致。

倾听心声。公司领导人往往没有太多时间,可是,假如能给员工挤出 20 分钟的话，必须用这 20 分钟很认真、专注地倾听员工的声音。不要忽视员工所说的话，尤其是他们还信任公司领导者时说的话。科恩懂得，沟通的重要性，他经常抽出时间与员工一起吃午饭，或者在公司的网站上发帖子等方式，与员工沟通，来倾听员工的心声。

深入基层。作为公司领导人，可能需要埋头苦干，或者在相对隐蔽的环境中与高层们讨论和制定公司战略，但这时，员工们很希望与公司领导人近距离接触。公司领导人必须深入基层，要让员工能经常见到你；做出一些很艰难的战略决定时，要让员工们知道。科恩经常深入基层，以亲切的态度了解基层员工的愿望、不满和目标，并告诉公司的战略决定，让员工们了解公司的愿景和发展规划。

这样，在科恩集团内部形成良好的互信气氛，在这种互信的工作氛围的吸引下，科恩赢得很多杰出人才追随。比如：前北约盟军最高司令兼美军驻欧洲总司令罗尔斯顿将军、前副国务卿格罗斯曼大使、前美国陆军军备总司令克尔恩、前国土安全部副部长劳艾以及曾任北约秘书长、英国国防部长的罗伯逊勋爵，一批英才聚集到科恩的大旗下，围绕在科恩的身边。"这都是些重量级的思想家。"科恩很自豪地说。

领导者唯有通过实际的作为，才能真正赢得员工的信任。科恩说，他花费了大概 5 年的时间，来建立这种信任的企业文化。科恩坚持这种独特的领导方式——建立一种信任的企业文化。事实证明他是对的——公司的士气与效率始终居高不下。

在一个企业里，惟有善于运用信任武器的企业家才能最终胜出。企业领导帮助员工建立自尊，信任你的员工，这样他们才会更信任你。实际上，信任是领导者影响力中极其重要的影响因素。信任一旦建立起来，团队就能向高绩效前进了。

领导者和员工之间要形成一种双向信任的氛围，员工就能在信任的感召下，尽心尽责地去完成工作。

在一个企业里,领导者只有对下属表现出充分的信任,员工们才会在这份信任的感召下、尽心尽责、自动自发地去完成工作。更重要的是,领导者对员工的信任,能形成一种双向信任的氛围,这对任何企业都是适用的。美国休——帕公司之所以能在短短的时间内崛起,其中一个重要的原因就是其领导者对员工充分信任。

一个星期六,员工们都在家休息,美国休——帕公司的总经理比尔却悄悄地来到属下的一个工厂巡视。当他发现工厂里的实验室库房区上了锁时,便立刻跑到维修班,找到一把螺丝刀,把库房门上的锁给撬了下来。

星期一早上,上班的员工们读到了他留下的一张字条:"上班时间不要将此门锁上,谢谢!"

"上班时间不要将门锁上"这正是休——帕公司与众不同的地方。

休——帕公司对自己雇员的信任充分体现在"实验室库房开放政策"之上。公司的工程师和其他员工不仅可以自由出入库房取用物品,而且他们被鼓励将零部件带回家供个人或家庭使用。管理者这样做的理由是:不论他们拿这些零部件或设备做什么用,也不论是否与他们的工作有关,只要他们在这些零部件或设备上下功夫,或者在公司,或者在家里,他们就会学到东西,从而加强公司的技术革新能力。

由此可见,信任在公司的管理中起着强有力的作用。让自己的员工全心全意投入到工作中去,这在很多时候并不是一件太难的事情——领导者只需对员工表示出充分的信任即可。

正如休——帕公司的总经理比尔所言:"现代企业的领导者必须信任员工,也必须赢得员工的信任,否则,企业的生存和发展便会受到巨大的影响。"

企业领导必须学会相信员工,调动他们的积极性和主动性,这样才能实现更多的产出。他还认识到,只有当领导要实现的目标与员工的意愿相符合时,才更可能有效地调动员工的积极性和主动性。为此,他还专门采取了许多办法来激励企业员工,如给予不低于同行业的工薪和福利待遇、尊重和信任员工、对有贡献或者有好主意的员工视其贡献大小给予一定奖励等,从而使企业"百将一心,三军同力",促进企业得到了很大的发展。

充分地信任你的部下,不做没有根据的怀疑,这是领导者必须记住的一条"金科玉律"。在任何企业里,决定其兴衰的关键都是人。因此,任用好人才对企业来说尤为重要,同时领导者在任用人员时一定要牢记以下铁律:

（1）给员工一个较宽松的工作环境。要和员工真诚地交流,下达的任务要放手让员工去做,在做的过程中给予一定的指导,但不要过分干预或监控太严。

（2）遇到问题时要先找原因和解决的方法,而不是去指责员工,怀疑他的工作能力;员工对主管也应该抱着信任的态度,要相信上级是百分之百地支持自己工作的,不会故意找茬批评自己,而且还是公平、公正的,不会在工作中偏袒某一个人,也不会故意打击某一个人。

（3）领导者和员工之间应该经常性地沟通,坦诚交流。

行 动 指 南

作为领导者,走上管理之路的第一块基石叫做信任,信任是员工忠诚的基础。员工越信任领导者,产生的业绩就越高,信任是构建高绩效的基础。

容忍别人
不友好的态度

克服阻力,容忍别人不友好的态度。

——西点毕业生、商业大亨　马克斯韦尔

　　一个优秀企业领导者是能够包容异己的,理解别人的背景,能够换位思考,懂得什么对他人来说是重要的,这样才能显示出对别人的尊重。

　　宽容是领导者的成功之道。任何领导者,都必须与人打交道。有人把管理定义为"通过别人做好工作的技能"。一旦同人打交道,宽容的重要性立即就会显示出来。人与人之间的差别是客观存在的,所谓宽容,实际上就是容忍人与人之间的差别。不同个性、不同特长、不同爱好的人是否凝聚在组织目标和愿景的旗帜下,靠的则是领导者的宽容。

　　作为西点毕业生,马克斯韦尔说:"在西点,要用宽容之心容忍别人的过失。西点人认为,宽容是属于领导力的一个素质,宽容就是对他人的弱点的接纳,放下执著,并且看别人的优点,相信对方能够改善。所以面对别人的过错,不妨多一些宽容和理解。唯有宽容才会团结大多数人。"

　　马克斯韦尔还讲述这样的故事:

　　在西点军校的这座博物馆里,南北战争中联邦军的主将格兰特与南方叛军主将罗伯特·李的两幅很大的油画半身像并排地挂在显著的地方,非常引人注目。假如你略微了解一点美国历史,就必然非常吃惊：怎么能将一个英雄人物和一个叛逆者的画像挂在一起呢？

以前，格兰特与罗伯特·李是一对好朋友，都是从西点军校毕业的，一起加入美国联邦军队，并一起参加过对墨西哥的战争：那时候，罗伯特·李是赫赫有名的上校，而格兰特不过是一名默默无闻的中尉。然而，在后来美国南北战争中，这一对好朋友却成了两军对抗的敌人。

美国内战爆发的时候，罗伯特·李已经是美国联邦军队中一位声名显赫的将军，美国总统林肯曾经有意让他担任北方军队的统帅。当时，罗伯特·李的心情十分矛盾：他强烈地反对奴隶制，非常不赞同南方脱离美国独立；同时，也很反对北方对南方采用武力，去攻打他的故乡弗吉尼亚。他说："我不会举起我的双手，去反对我的亲人、孩子以及我的家乡。"最后，他脱离了美国联邦军队，到南方军队去了，并成为南方军队的总指挥官。

美国内战开始之后，最初，罗伯特·李凭借他军事上的经验和才能，使南方军队曾一度处于优势；后来，林肯任命格兰特担任北方军队的统帅，战斗的形势发生根本的转变。格兰特将军其貌不扬，不修边幅，嗜酒如命，可在战场上是叱咤风云的英雄。他的口号是："攻击！攻击！再攻击！"在弗吉尼亚大会战中，南方军队被北方军队包围，伤亡非常惨重。罗伯特·李不愿意看到很多的士兵死亡，他的故乡遭受更大破坏，这样他选择了投降。唯一的条件是，希望北方军队能保证每一个南方士兵的安全和尊严。

1865年4月9日，遵照林肯总统的命令，格兰特将军仁慈地对待了南方士兵，并答应：不惩罚战俘，每个放下武器的南方士兵可以自由地回家，可以将自己的马和骡子带走，便于他们重建家园；南方军官们还能体面地保留他们的手枪和佩剑；另外，格兰特还答应发放粮食给南方士兵回到家乡。

罗伯特·李将军回到自己的军营，告诉他的军队说："兄弟们，你们被赦免了，现在可以回家了。"这时，士兵们紧紧握着罗伯特·李的

手,很多人哭了起来;罗伯特·李也流出了眼泪。

三天后,4 月 12 日,罗伯特·李将军率领他的军队向北方投降。这是南方军队最后一次列队,军旗在微风中飘扬,士兵们齐步走向另一边的穿着蓝色军服的北方军队。这时响起了嘹亮的军号,北方军队向南方军队行军礼,南方军队也仗剑向对方回军礼。礼毕,身着灰色军服的南方军队放下他们的武器,降下了南方军旗。格兰特将军感慨地说:"内战已经结束了。现在南方人又是我们的同胞了。"

南北战争不仅将所有的奴隶解放出来,而且向大家展示了宽容、和解、尊重的文明风格。是林肯和格兰特这样的宽容的领导者,用非凡的政治智慧和博大的胸襟,化解了南北双方因战争而造成的仇恨。

马克斯韦尔认为,领导者有宽容包容之心。**只有善于容忍下属的缺点和过错的领导者,才能赢得下属的敬重与爱戴,才能更好地团结下属,从而使自己的事业变得更为顺利。**

在下属面前,领导者应该讲究威严。但是,善于容忍下属的缺点和过错,对下属一些细小的毛病或无心的冒犯不予计较,却是领导者团结部下,维系上下之间的关系,以及收服人心的一大妙法。任何地方都有犯过错误的人,在获得上级的宽容后,一定会心存感恩之心,以后必然会在工作上用更大的努力以回报领导的关怀之情。其实在这种情况下,领导者所付出的很少,他只需拥有一个包容的胸怀,负起因部下的过错而带来的一点损失,而他因此所收获的却是良好的工作气氛,上下团结的团队,有时在关键时候,还可能得到知恩图报者所带来的丰厚回报。

因而有人如此形容:如果一个人能容一个班,就仅仅只能做班长;能容一个团的人,只能做团长;能容数千万人的人,就可以成为伟大的领袖。

马克斯韦尔强调,对一个企业来说,也是如此。**把文化宽容当成好企业判断标准之一。宽容是企业文化中最强大的东西。也是企业最具有核心竞争力的地方。**

美国惠普公司不但以卓越的业绩跨入全球百家大公司行列，更以其对人的尊重和宽容的企业文化而闻名于世。

在惠普公司，将存放机械零件的实验室备品仓库全面地开放，允许工程师在公司或家中可以任意使用。惠普的观点是：不管他们拿这些零件做什么，反正只要他们摆弄这些玩意儿就总能学到东西。公司没有作息表，也不进行考勤，每个员工可以按照个人的习惯和情况灵活安排。惠普在员工培训上一向不惜血本，即便人员流失也在所不惜。

惠普的创始人比尔·休利特说："惠普的成功主要得益于'重视人'的宗旨，就是从内心深处相信每个员工都想有所创造。我始终认为，只要给员工提供适当的环境，他们就一定能做得更好。"这就是惠普之道。惠普之道就是尊重每个人和承认他们每个人的成就，个人的尊严和价值是惠普之道的一个重要因素。

惠普公司极力创造一个可以容纳不同观点、鼓励创新的宽松工作环境，努力实现确定一致的总体目标，并允许个人在实现公司目标的时候，灵活地运用自己最佳的工作方式。

惠普公司还通过必要的激励机制承认每个员工的成就。惠普公司有一套完整的补偿措施——薪水和福利制度，从而使它在同行业中处于领先地位。惠普公司按照业绩为员工提供就业安全保障；这样为员工们营造一个安全、快乐、完备的工作环境，以便发挥他们的各种各样才能。惠普公司还对员工的贡献给予奖赏，有利于员工从工作中得到满足感和成就感。

惠普公司为员工营造了宽容的环境。每当员工遇到的个人问题暂时影响工作表现，在这种情况下，惠普公司强调大家都给予理解，这样问题才能获得解决。

这样，惠普形成了尊重、宽容和稳健的人性化氛围，吸引了那些能力超卓、个性迥异及富于创新的优秀人才，使他们的梦想和公司的目标紧密结合，实现最大程度的公司发展和个人提升。

　　企业领导者的宽容，就能够使近者悦远者来，天下归心。公司领导的目的是形成下属的遵从和追随，而只有自觉的遵从和追随才是领导成功的保证。所以，企业领导的"宽容"能力就是一种影响能力，这种因宽容而形成的"宽容领导力"就成为企业领导成功的基因所在。

行 动 指 南

　　"海纳百川、有容乃大"。作为一个公司领导，具有博大的胸襟才是获得事业成功的重要条件。

第八章
卓越领导

卓越从来不是一蹴而就的，任何卓越的企业领导者均是从一点一滴地做起的，都是在用心地做着每一件事。只有经过许多年的实践积累与不断地挑战，才有可能取得今天的成功。卓越的领导必须具有自我更新能力，注重团队精神，善于鼓舞士气，重视人才的培养。

➢ 采用军事化管理——军火大王亨利·杜邦
➢ 团队力量胜于个人力量——联邦快递创始人费雷德·史密斯
➢ 卓越领导要有自我更新能力——商业大亨班杰明·斯帝克
➢ 要重视并培养优秀人才——商业大亨戴夫·帕尔默

采用军事化管理

世界上最优秀的管理在军队。对我本人来说,我比较喜欢是西点军校管理模式。它是杰出的管理模式。

——西点毕业生、军火大王 亨利·杜邦

大家都知道,军队不仅是世上最具有高效的管理的组织,而且还是最具有强大的执行力的组织。因而,它很值得企业领导借鉴与学习。**推行军事化管理方法,打造一支服从命令、作风过硬、反应迅速的一流员工队伍,是企业成功的前提。**

西点毕业生亨利·杜邦,工商界亿万富翁,在谈到自己的成功经验时,深有感触地说:"其实,这个世界上没有什么人能真正有过人之处,我的成功在很大程度上得益于我在西点接受的教育,她使我形成了积极的世界观。"

亨利·杜邦认为,西点就是很好的"军事化"管理模式。"军事化"管理模式不只是一种标准和思想,而且是一种雷厉风行的作风,同时还是一种企业文化和组织文化。

企业经营的主要目的是为了获得最大化的利益,而将战略转化成现实成果就需要人去执行,执行效果好不好就直接表现为组织的效率。**执行力越强的企业办事效率越高,效率越高的组织越有竞争力。**

亨利·杜邦是第三任总裁。他在位时就毫不含糊地坚持:"企业利益高于一切",所有杜邦家族男性成员在公司里得从起步工作干起。在公司里工作五六年后,4 至 5 位家族长者会对其表现做仔细地评价。

假如评估的结果是这位年轻的家族成员在 10 年之后没有太大的可能成为高层管理人才，那么，他就会被公司辞退。

亨利·杜邦是个具有雷厉风行军人特点的企业家，他被誉为"天生的企业家"。他接任时公司负债 50 多万美元，到他卸任时公司已成为此行业的领导者。

随着公司领导权转给亨利·杜邦，公司的一切都变成了军事化管理，因为亨利毕业于西点军校，从此，人们都称亨利"将军"。

亨利·杜邦本人不懂炸药技术，技术工作完全信任侄子拉摩特。在商业领域，亨利·杜邦大刀阔斧，对同行业发号施令，俨然是火药业的大将军。在亨利·杜邦的 40 年的任期里，他通过行业协会去兼并其他火药企业，从而建立庞大无比的杜邦帝国。

亨利·杜邦首先给了同行一个下马威。他注意到一些小企业正在生产一种廉价的工矿业用炸药，于是派人弄到配方，然后召集这些竞争对手，威胁他们说："鉴于你们生产这种炸药，这样我不得不发起价格战，除非我们达成和解。"这些企业乖乖签约、统一价格，形成了一个类似卡特尔的协约。

1872 年，美国经济出现严重的衰退，各行业都面临危机。亨利·杜邦用独门手段劝说所有大公司都加入了"美国火药同业公会"。在这个行业协会里，杜邦公司和其他三家大公司各拥有 10 票，其他的小公司只占 14 票。从而成为美国的第二家托拉斯。这个行业协会的成员都按统一价格在自己的固定的销售领域销售。亨利·杜邦私下得到三巨头之一哈泽德公司的股票和西海岸的加利福尼亚火药公司的股票。这样杜邦公司拥有绝对的表决权，这个行业协会基本上是亨利·杜邦一个人独断专行。

军人严厉果敢的铁腕统治是亨利·杜邦的一贯作风，在他任职的40 年中，公司实行高度的中央集权制，采用专制独裁的"恺撒式经营管理"，实际上是单人决策经验式管理。亨利·杜邦不仅是杜邦公司的最高领导，而且是整个杜邦家族的族长。他一个人掌握公司的决策权,还负责定期召开杜邦家族会议。杜邦公司所有事务由他亲自决定,公司支票都由他亲自开,所有合同也由他签订,公司的利润分配由他一人说了算。亨利·杜邦亲自到全美各地,去督促公司的几百家经销商。他还亲笔写信给这些经销商长达25万封。在公司会议上,总是他一个人发问,其他人只能回答。他极力加速货款收回,并严格地规定支付条件,以促进货物流畅。一直到亨利·杜邦72岁的时候,他仍然不需别人的帮助。

事实证明,亨利的"恺撒式经营管理"的确使公司得到了快速的发展。因为这时候的杜邦公司经营产品还比较单一,公司规模也不大,市场变化不复杂,只要质量保证,竞争者是难以超越的。

"军事化管理",作为公司的一项战略,要解决的就是大家思想一致、步调一致的问题。如果大家的思想和步调一致,就会降低企业的运营成本,就能够提高整个企业的战斗力。实施"军事化管理"战略,是一个投资较小、效力很高的行为。

每个公司面临各种各样、素质差异的员工,如何使他们转变为可以在同一系统中按照统一标准协同工作、具有高效的组织成员呢？福特公司采用军事管理对员工的充分和严格的培训,提高员工的素质,从而提高"投资回报率",降低消耗,提高效能。亨利·福特改造福特公司过程中,把管理人员分为统一指挥和现场两类的方式却是借鉴了现代军队。

美国福特汽车公司是现代企业管理的实践者、见证者,距今已经有100年的历史,是真正的百年老店。1945年,由于经营管理不善,企业出现亏损。此时,老亨利·福特让位于孙子亨利·福特二世。亨利·福特二世,二战时曾经服役于军队。他连同他手下的同样出自军队的蓝血十杰。亨利上任后大胆起用以查尔斯·桑顿为首的10位美军青年退役军官。这些退役军人为福特公司建立起了科学的管理制度,为企业管理理论注入了新鲜理念,使福特公司再振雄风。

一个高效完善的组织结构，离不开结构严密、行动有效的军事化管理。尽管人们对亨利·福特及其继任者领导下的团队褒贬参半，但是，他们都会毫无例外地提及福特公司与军队在组织结构方面惊人的一致。

亨利·福特一人高高在上。在福特公司里，一些经理人没有途径直抒胸臆，更无人敢对亨利·福特的观点提出质疑。在那唯独只生产 T 型车的期间，福特公司就像一支高效的军队那样，勇往直前地向一个坚定的目标进发。

军事化管理能导致权力的集中化和最有效化，作为领导者自然是希望组织高效运转，希望手下用心并对下达的命令无条件执行。

我们知道：竞争力＝知识力＋执行力。一个企业、一个团队及其成员都具有一定的知识，即知识力，但如何有效地把这些知识用于工作中去，也就是如何执行，即执行力的问题，有了知识力加上强大的执行力，这个团队、企业及其成员就是具备了强有力的竞争力，才能存活并能够发展壮大，而企业实行军事化管理就是为了让这个团队及其成员形成强大的执行力。

从事管理工作研究的人们在研究世界企业管理上百年的历史时，惊奇地发现，对管理作出最大贡献的，并不是企业家、管理学者、商学院，而是军队、军校。军事化管理改变了商业思维，这已经成为成功企业家的基础。时代华纳公司董事长帕尔森有句名言：世界上最优秀的管理在军队。军队是执行特殊任务的武装集团，这就要求军队在管理上有着比非军事单位更高的标准和要求，正是这些特殊的标准和要求，使军队形成了独具特色的管理模式。

在《基业常青》所列的 18 家高瞻远瞩公司中，出身军队的管理者起到极为重要作用的企业占了三分之一。在 1900 年以后创办的 11 家高瞻远瞩公司中，前军人创办的公司有 4 家，军队出身管理者起到极为重要作用的有 2 家,共占 55%。

这里还有一些显赫的公司以及与其显赫相关的一些显赫的名字:山姆·沃尔顿——沃尔玛的创始人、麦当劳的创始人科罗克、沃尔特·迪斯尼公司的创始人沃尔特·迪斯尼、联邦快递的创始人史密斯、惠普的创始人之一戴维·帕卡德、希尔顿旅馆帝国的缔造者希尔顿,以及可口可乐真正意义上的创始人伍德鲁夫、美国杜邦的改造者——杜邦的第三任总裁亨利·杜邦、IBM 的拯救者小汤姆·沃森,以及福特公司的拯救者亨利·福特第二,以及美国国际集团的铁血总裁格林伯格、花旗银行的创始人洛克菲勒等。他们中的任何一个人无疑都可以跻身于 20 世纪伟大企业家之列,他们创造或者改造的企业毫无例外地可以位列 20 世纪最伟大的企业之中。他们都出身军队,并且或多或少地将军队的灵魂贯注到企业经营之中。他们经营的企业都显示出强烈的独特性。

他们运用军事化管理强化了公司意识,使执行力获得很大的提高,确保公司不仅快速、高效而又稳定地发展。从而避免了员工因片面强调个人业绩而唯利是争的恶性竞争的怪圈,确保了公司既有极强的执行力、又有和谐的公司文化氛围!

行 动 指 南

实施军事化管理能够增强企业的凝聚力、执行力和战斗力。通过军事化管理,可以使公司上下达到思想和步调的一致;使大家充满个性意识和团队精神,去努力做好正确的事,为团队的建设不断地提高自身的水平和执行的自觉性。

团队力量胜于
个人力量

团队力量胜于个人力量。没有一个人能凭借个人的力量可以赢得整场战争的胜利。即使是最伟大的将军要想取得战争的胜利也要依靠他自己的团队。

——西点毕业生、联邦快递创始人 费雷德·史密斯

企业的领导者们应该明白：**团队成员必须并肩作战，才会提高工作效率**。同样的道理，组成整个组织的所有团队都需要密切配合，高层管理者要团结所有的团队，形成一个相互配合的组织，这样才能提高企业的竞争力。只有公司全体员工都能够统一目标、齐心协力、同舟共济、全力以赴，这样的公司才能取得真正的胜利。

一个卓越的团队大大胜于英雄个人的作用。每个时代都需要英雄，然而更需要卓越的团队。

作为西点毕业生，费雷德·史密斯说，在现代军队里，"团体精神"、"共同荣誉"是军官对下级们的要求，也是军官们的自我要求。没有团结，军队即使配备了最精良的武器，占据了最有利的地势，兵力几倍于敌人，也不可能打胜仗，因为单打独斗的个人英雄主义已不适合现代战争。在一个企业里，任何一名员工离开了同事们的协助，都不可能独立地完成一项重要的工作。由此可见，团队精神无论是在军队还是在企业，都尤为重要。

"合作"是西点军校的军规之一，而合作离不开团队。在西点军校，经常通过很多团队活动来培养学员的领导力。有关团队的精神，

西点特别有意思，学员训练，大多数都是以团队形式展开。训练中教官会安排不同学员体验做领导。而在学员训练的时候，旁边会有两个系领导在观察，看在训练中哪个"领导"没起作用，哪个训练中"领导"是起作用了。他们再对这些观察到的情况进行点评，然后让大家思考，反思在团队活动中领导的作用。西点还通过学习训练、文化娱乐、社会交往等多种渠道融合渗透，不断强化学员的团队意识，使学员在潜移默化中逐步养成团队的价值理念、团队的思维方式和团队的沟通习惯。

史密斯认为，团队精神，是达成目标最关键的条件。团队精神，是军人职业的特别要求，也几乎是所有行业不可或缺的成功因素。**商场就是战场，我们则需要的是战场上的狮子，要知道由一头狮子带领的一群羊必然战胜一只羊带领的一群狮子。**

史密斯说："美国海军陆战队的经验是我最宝贵的财产，因为在那段时间我认识到了团队的力量。"

史密斯从西点毕业后，服役于海军陆战队，从军四年中大部分时间是在越南战场上度过，担任过飞行员，在海军陆战队升迁为上尉连长，因骁勇善战获得六枚勋章。两次远赴越南的军旅生涯中，他曾受教于一位脾气乖戾的海军陆战队军官。这位军官对史密斯以后的事业产生了深远的影响。史密斯一直记着这位军官的一句话："上尉，你必须记住三件事：射击、行动和联络。"史密斯牢记这句忠告，这句忠告使他在战场上和事业上都受益匪浅。

越南战场在史密斯身上留下了很明显的烙印。"我的领导理念源于有 200 年历史的海军陆战队军规，当士兵走进长官的办公室，他们想知道：长官将要下达什么任务给我？完成任务之后我能获得什么？执行任务的时候我需要做些什么？假如受到不公正待遇，我必须去找哪个部门投诉？这是每一个人都愿意懂得的普遍真理。假如我每次都可以把这些问题回答清楚，那么，我就会善于和人沟通，生意上的事情也能迎刃而解。"

"尽可能地取得更多人的合作就是成功创业的秘诀。"史密斯如是说。

史密斯深谙管理之道,他懂得依靠全体员工的力量来壮大和发展公司。联邦快递从创建之初就一直注重提高职工素质,加强内部凝聚力,因而在公司困难时期职工表现出了难能可贵的奉献精神,大家都以全局为重,不计私利,共同为改变公司的困境而夜以继日地工作,正是这种团队协作精神使公司从数次倒闭的危机中挺了过来。联邦快递以团结奋进闻名全美。在孟菲斯的联邦快递夜间作业现场,有多得数不清的箱子和包裹、错综复杂的输送带、忙碌穿梭的堆货车与员工,却没有发生丝毫差错。一面是紧张得让人喘不过气的运作系统,另一面则是士气高昂、心情愉快的员工。弗雷德·史密斯对这种团队协作的精神赞誉说:"这种精神能够使硬邦邦的商业活动变得温情脉脉。"

史密斯还强调把战场中"并肩作战"意识要运用到商战上,他懂得只靠个人的力量是难以在短时间内占领整个快递业务市场的,联邦快递公司能够在不到 30 年的时间里快速成长,与史密斯几次重要的并购战略是紧密相联的。

20 世纪 80 年代,联邦快递公司并购了一家老牌的飞虎航空货运公司,就立即取得了 21 个亚洲国家的航权。

那么,史密斯是如何建立团队精神的?

(1) 以"人"为本。无论是对合作伙伴还是公司职员,史密斯绝对以"人"为本。联邦快递所有的飞机都以员工子女的名字来命名。每当购买了新飞机,联邦快递公司便会抽签决定用哪个孩子的名字来命名飞机。能够想象到在天空中飞着写上自己孩子名字的飞机时,员工的心里会涌上对联邦快递公司多么的忠诚、自豪和热爱。

(2) 从内部提升人才。弗雷德·史密斯非常重视从内部提升人才,那些能做好自己工作的员工通常都能成为杰出的人才。在联邦快递内部,原来从事卸货员、机械维护员、货件分发员、速递业务员、司机以及检查员工作,由于表现出色被提拔为管理层的员工比比皆是。

（3）身体力行。史密斯身体力行,用四分之一的解决人事问题。他凡事亲力亲为,也很清楚下属6万员工所做的工作范围。他说:"我一直设身处地,这使我在做决定时能顾及员工们的感受。"

（4）设立奖励制度。联邦快递设立了一系列的奖励制度。每个员工都明白,只要工作,就有得到奖励的机会。史密斯说:"当雇员知道自己被公司寄予厚望、成绩突出者会受到奖励、公司会接纳他的建议并允许将自己的想法实施于工作中的话,我雇员的工作成果一定会是不同凡响的。"为了让员工了解公司对他们的希望,史密斯倡导公司为所有员工提供培训,不管在任何时候,联邦快递都有3%至5%的员工在接受培训,它在员工培训方面的花费每年约有1.55亿美元,成为美国这方面投入最大的企业之一。

就这样史密斯成功地在联邦快递内部营造出了一个大的温暖和凝聚力。有人如此评价道:"联邦快递的空前成功有赖于多种因素,但最重要的是所有员工表现出来的群策群力的精神。"

其实企业是一艘巨大的舰船,装载每个成员,企业中的每个成员齐心合力,就能使这艘舰船避开暗礁急流,乘风破浪、扬帆远航。正如一位著名的管理大师所言:"没有完美的个人,只有完美的团队!"

在这个信息化程度很高的时代,市场竞争已经不是单独的个体之间的竞争,而是团队与团队之间的竞争、企业与企业的竞争。这样,很多困难仅仅凭个人的勇敢和力量是难以应对的,就必须依靠团队的力量。

团队的存在意义在于团队的整合力量远远大于每个成员单独力量的总和,能得到一种相乘效果,即超越个人力量之和。项目组成员的角色就在于,从团队整合力量的角度出发来整合众人的力量。

因此,企业领导在制定作战计划时,每个团队的成员都应该提出自己对市场不同的见解,最后大家求同存异,采取正确的决策。只有经过不断磨合的团队才能富有竞争力和战斗力,才能在市场竞争中获胜。如果企业员工没有团队精神或者单打独斗,那么,这个企业就是一盘散沙,无法强大。

团队精神是企业成功的基础,是企业发展的动力,是企业效益的源泉。因此,企业领导要给每个成员充分展示个人才华的平台,让他们做到人尽其才,才尽其用;企业领导还要创造一个宽松和谐的工作和生活环境,让每个员工精神愉悦、心情舒畅,这就是团队凝聚力和向心力。团队需要同舟共济、融洽默契、敢于拼搏、勇于创新的精神。企业领导要力求设计很合理的团队结构,能很好地发挥团队精神,让每个员工的能力得到发挥和互补。这样的企业才能立于不败之地。

行 动 指 南

作为企业领导,管理过程中必须消除单打独斗的个人表现主义,去打造一支富有高绩效的团队。事实上,团队不是简单的人的组合和罗列,它是合适位置上的合适的人为了共同的利益和目标组成的具有共同的责任心和协作意识的有机整体。领导者需要关注其终身的努力方向,比如提高自身及员工的能力,这就是团队精神的具体表现。

卓越领导要有
自我更新能力

卓越领导要有自我更新能力,敢于突破以往的经验。从而会使你在绝处逢生。

——西点毕业生、商业大亨　班杰明·斯帝克

企业领导者是要顺时而变的,因为你无法控制身边的环境。要知道,不管你以前在事业上有多么成功,你永远受制于千变万化的商业环境。由于很多的事情都不会按照自己的意愿发生,你必须不断地想出一些新点子、新举措以应对各种新出现的情况。无论企业经营得有多成功,但其商业计划就应当随环境的变化而不断地调整。

作为西点毕业生,班杰明·斯帝克说,在今天的西点军校里,传授给学员这样一个理念:在风云变幻的战场中,能够积极调整,灵活应对是一个成功领导者的标志。西点倡导一种灵活应变能力,对变化的形势能作出迅速的反应,同时在极短的时间内做出战略上、战术上、心理上的调整。

上个世纪初,西点不少的训练方法是简单粗暴、甚至是摧残性的,曾经盛行很多年,形成无法改变的传统,造成一名学员死亡。1919 年,麦克阿瑟上将担任西点校长时,提出夏季军训必须是新学员们接受合理训练的机会,而不是一种折磨人的训练方法。

麦克阿瑟着眼于不断变化的世界、复杂的未来和军事技术的不断现代化,他创立了一种新的训练体系,在这个体系中,夏季军训不仅是

新生接受训练的机会，也是管理新生的高年级学生接受训练的机会。他还决定在军事训练项目的基础上补充严格的文化课学习。这种军事训练和文化课学习相结合的模式一直延续到今天。

如今的训练方法在造就未来的军官上已经趋于完善。西点选送学员到海外学习、开展暑期实习，让他们接触不同的文化，这样适应性原则就能够得到贯彻。学员可以置身于各种变化的环境中，作出积极灵活的调整。学员可以在同一时间处理许多不同的问题，并懂得其中哪些问题是目前最重要、最需要解决的，然后向下级分配在以后一段时间内需要完成的任务。西点军校做的这些工作对学员在军事方面和商业方面施展身手都有很大的好处。

班杰明·斯帝克认为，正在成长的组织，必须不断自我更新。对于一个不断成长、完善的企业来说，适合今天工作的标准未必就适合明天的。所以，公司领导者就应当提供给员工们训练和成长的机会，这样员工们才能持续获得进步。

班杰明·斯帝克说："对于像我这样坚持'不断地自我更新'的公司来说，为了给公司的未来发展更大的空间，并给新进员工提供机会，在一定程度上必须进行内部裁员。无论什么事要成功，就必须靠一支强有力的，包括各个方面特殊人才的团队。"

在瞬息万变的商业世界，企业领导必须具备灵活应变的能力。领导要针对方法、信息竞争和战略进行不断地调整策略，如果不调整，必然就会丢掉了市场份额和利润，只会走向死亡。

杰克·韦尔奇说过："在这个变幻无穷的商业市场里，企业时时刻刻都接受着市场变化的考验。一个优秀的企业领导者对这种变化必须保持极高的灵活性，在变化来临时能作出快速的反应。"

杰克·韦尔奇无疑是历史上最具灵活应变力的企业领袖之一。在他担任 CEO 期间，他从不坐着不动，他所领导的企业也一样。

韦尔奇说，在他所领导的通用公司，变化深入每个员工的灵魂里。

韦尔奇懂得，任何事情都处于不断变化当中。市场在变化，通用公司的顾客也在变，竞争形势在变，他应该跑在变化的前面。

很多人不喜欢变化。韦尔奇在 20 世纪 80 年代出任通用公司 CEO 后不久便认识到了这一点。他说："变化发展的速度比公司作出反应的速度要快得多。"韦尔奇明白要想使企业大发展，就需要有很大的变化。问题是通用公司的大多数人和其他公司也一样都不理解事情有什么变化的必要。当然，公司看起来运行状况还比较好。

而韦尔奇是敢于"直面现实"的商业领袖之一。为了创造他理想中的企业，韦尔奇就必须改变一切：企业的目标、产品、态度和行为等。他自上而下彻底改造公司——整顿、关闭和出售了几百项业务，消除管理层级，打破官僚体制。然后，韦尔奇又缩减了 25% 的公司，裁减了 10 多万个岗位，把 350 个经营部门合并成 13 个主要的业务部门，出售了价值 100 亿美元的资产，并新添置了 180 亿美元的资产。他创造了一个更为灵活和具有竞争力的企业。

对韦尔奇和其他员工而言，创造一个更完善的通用公司的关键在于拥抱变化，而不是害怕它。他把变化当作机遇，而不是威胁。

在韦尔奇 CEO 任期的最初几年，他带来了许多彻底动摇通用公司根基的变化。其间，一位通用公司的经理曾经问韦尔奇，他什么时候才能告诉员工变化结束了。"告诉他们，变化永远不会结束。"通用公司的董事长以毋庸置疑的口吻回答道。这就是韦尔奇，他再一次面对现实，并且告诉每一位下属也同样这样做。

尽管韦尔奇强硬地打破了公司看似平稳的现状，员工们最后还是认识到：变化确实是非常好的。因而员工们看待变化的态度发生了很大的改变，这是公司活力的源泉。最终韦尔奇获得了成功。

有一位企业家说过：世界上只有两种公司，要么不断变革，要么惨遭淘汰。我们发现，那些公司是通过不断地进行顺应发展的变化使公司越来越强大，始终走在行业发展的前列。而一些故步自封死守传

统原地踏步的公司,正在从人们的视野和记忆中渐渐消失。

所以**领导者必须具备两项能力:推动变化的能力和适应变化的能力**。那么,如何提高灵活应变能力?

先见之明。它能够积极观测风险的发展趋势并创造机遇。公司领导者必须跳出原有的圈子,去掌握关键趋势。

快速敏捷。公司领导者应当培养自己的预测能力、快速的反应能力。在某种情况之下,企业领导者可以按照具体突发事件采取有条件的行动,以保证迅速地反应。

灵活机动。公司领导者保证企业拥有长久的人力和财力来应对意料不到的变化或者利用超出预期的机遇。不管公司领导者多么有远见或者多么敏捷,还是会有一些事件发生,不论是来自外部还是内部都使公司领导者措手不及。公司领导者要有灵活化解或者防御这些意外事件的能力,这是灵活应变的关键所在。

因此,企业领导要真正认识到要学会根据形势的变化,不断调整战略和变革,才能立于不败之地。

行 动 指 南

对企业领导来说,在经营活动中做到审时度势,灵活机动。企业领导讲求经营谋略,在经商活动中把握正确的经营术是企业取得成功的基本条件。除此之外,还要学会审时度势,根据形势的变化做出相应的反应。

要重视并培养
优秀人才

一个卓越的领导要重视优秀人才的培养。军队如同其他组织一样，要想健康、良性地发展，要想成为最有效率的组织，那么她也离不开人才。因此，培养组织需要的优秀人才，对军队和企业同样重要。

——西点毕业生、商业大亨 戴夫·帕尔默

任何一个组织要想发展、壮大，都离不开优秀的人才，人才是企业的根本，是企业最宝贵的资源，是企业发展、壮大的关键力量！

作为西点前校长，戴夫·帕尔默说，给我任何一个人，只要不是精神病人，我就可以把他培养成优秀的人才。

西点军校之所以能培养出优秀人才，是因为从招生学员时就设定了严格而又苛刻的标准：凡报考该校的学生，必须是年龄 17 至 22 岁，身高 1.68 至 1.98 米，在高中学习期间，成绩必须名列本班前茅，身体健康，具有一定的组织领导才能。凡符合上述条件者，在参加考试的前一年还必须得到总统、副总统、参议员、众议员、州长或将军的推荐。取得正式报考资格的学生，一定要参加全美举行的大学入学考试。通过之后还要经过评审委员进行全面考核择优录取。被西点选中的学员经过 4 年的魔鬼训练之后，他们都会被打造成勇敢、坚强、智慧的领导者。

从西点出来的毕业生决不是"四肢发达、头脑简单"的一介武夫。事实上，这样的人无法在西点待下去。西点对学员有三个方面的要求：学术、军事、体能的成绩分别占总分的 55％、30％和 15％。西点必修的主要课程是数理工程科目、社会科学以及公共事务。在 4 年时间里，每个学员必须通过 31 门主课和 9 门选修课，每天埋头苦读到深夜是常事。

西点的训练教程既严格而又全面。西点军校对领导力的训练，主要通过六个方面进行，包括：军事训练、体能训练、智力训练、道德、精神和社交方面的训练。教官对学员进行艰苦和严格的训练，不仅让学员体验到陆军士兵的生活，而且要从很高的角度去认识和理解它。严格的纪律、艰苦的训练有助于增强个人的自尊心、自信心和责任感。共同的生活所产生的友谊和集体主义精神渗透到今后生活的各个方面，从而使他们能够终身受益。

西点自 1802 年创校以来，就建立了一套独特的教学和训练体系，而且日益修正和完善，为美国和军队建设培训了许多杰出的领导人才。

戴夫·帕尔默认为，企业和军队有很多相似之处，而在招揽人才、培养人才上则如出一辙，因为**企业如果不重视人才，不培养人才，那么这样的企业就会因为人才的匮乏而逐渐失去竞争力**。因此，企业的领导者应把选拔人才、培养人才作为自己工作的重点。

IBM 公司追求卓越，特别是在对骨干员工的培训方面取得了成功的经验。具体地说，IBM 公司决不会让一名未经企业培训的员工到销售第一线去。因此，IBM 公司对销售骨干要进行为期 12 个月的初步培训，主要采用现场实习和课堂讲授相结合的教学方法。其中 75％的时间是在各地分公司中度过的；25％的时间在公司的教育中心学习。

分公司负责培训工作的中层干部将检查该公司学员的教学大纲，这个大纲包括培养骨干员工的素养、价值观念、信念原则到整个生产过程的基本知识等方面的内容。骨干员工们利用一定时间与市场营销人员一起访问用户，从实际工作中得到体会。

此外，还经常让学员在分公司的会议上，在经验丰富的市场营销代表面前，进行他们的第一次成果演习。有时，有些批评可能十分尖锐，但学员们却因此增强了信心，并赢得同事们的尊敬。

销售培训的第一期课程包括 IBM 公司经营方针的很多内容，如销售政策、市场营销实践以及计算机概念和 IBM 公司的产品介绍。第二期课程主要是学习如何销售。在课堂上，该公司的学员了解了公司有关后勤系统以及怎样应用这个系统，他们研究竞争和发展一般业务的技能。学员们在逐渐成为一个合格的销售代表或系统工程师的过程中，始终坚持理论联系实际的学习方法，学员们到分公司可以看到他们在课堂上学到的知识的实际部分。

经过一段时间的学习之后，考试便增加了主观因素，学员们还要进行销售演习，这是一项很高的价值和收益的活动。一个用户判断一个销售人员的能力时，只能从他如何表达自己的知识来鉴别其能力的高低，商业界就是一个自我表现的世界，销售人员必须做好准备去适应这个世界。

一般情况下，学员们在艰苦的培训过程中，在长时间的激烈竞争中迅速成长，每天长达 14—15 小时的紧张学习压得人喘不过气来，然而，却很少有人抱怨，几乎每个人都能完成学业。

IBM 公司市场营销培训的一个基本组成部分是模拟销售角色。在公司第一年的全部培训课程中，没有一天不涉及这个问题，并始终强调要保证演习或介绍的客观性，包括为什么要到某处推销和希望达到的目的。

同时，对产品的特点、性能以及可能带来的效益要进行清楚的说明和演习。学员们要学习问和听的技巧，以及如何达到目标和寻求订货等等。假若用户认为产品的价钱太高的话，就必须先看看是否是一个有意义的项目，如果其他因素并不适合这个项目的话，单靠合理价格的建议并不能使你得到订货。

该公司采取的模拟销售角色的方法是，学员们在课堂上经常扮演销售角色，教员扮演用户，向学员提出各种问题，以检查他们接受问题的能力。这种上课接近于一种测验，可以对每个学员的优点和缺点两方面进行评判。

另外，还在一些关键的领域内对学员进行评价和衡量，如联络技巧，介绍与演习技能，与用户的交流能力以及一般企业经营知识等。对于学员们扮演的每一个销售角色和介绍产品的演习，教员们都给出评判。

经过一系列严格的培训后，这些学员大都成为了公司的骨干员工，他们在自己的工作岗位上，尽职尽责地工作，为 IBM 的发展作出了巨大的贡献。

如果领导者不重视人才培养，人才管理程序就难以奏效。因此，越来越多的企业将企业培训骨干员工视为战略重点。

行 动 指 南

企业培养优秀人才从短期看可以提高他们的工作能力和工作效率，从长期看则是关系到企业的生存、发展、壮大的问题。

第九章
立即行动

　　立即行动是成功之母。作为一个企业,再伟大的目标与构想,再完美的操作方案,如果不能马上行动,最终也只能是纸上谈兵。"三分战略,七分执行",执行力就是竞争力。执行力如何,很大程度上体现在执行是否到位与是否最终达到目的上。

➤ 立即采取行动——Commerce One 主席马克·霍夫曼
➤ 无条件执行——劳恩钢铁公司总裁卡尔·劳恩
➤ 纪律是保证执行力的关键——英特尔中国区总裁简·瑞杰
➤ 胆量决定成功——美国在线创始人吉姆·凯斯

立即采取行动

要想做一番事业，归根结底就是立即采取行动。除非你立即采取行动，并确定该行动会带来改变，否则再美好的愿望也只不过是空想。

——西点毕业生、Commerce One 主席　马克·霍夫曼

人生光有目标还不行，必须行动。光说不练，纸上谈兵，拖延应付，不仅难以达成目标。成功的秘诀——立即行动。无论你现在决定做什么事，无论你设定了多少目标，你必须要立即行动。现在去做，马上去做，这是成功者所必备的品格。

雷厉风行的行动力是企业领导者执行力的标志。在当今商业社会中，如果你希望争得一席之地，就必须果断行动。

作为西点毕业生，马克·霍夫曼说，立即行动是西点军规。在西点军校，每个学员的体能训练成绩都要计算入学业等级，学员们的平均学业积分都要作为排名的根据，而这个排名则决定着每个学员可供选择的军官职位的多少。始终，西点对每个学员的评价都是以实际行动的表现为基础的。一切都是以行动来说话，这是西点的评价标准。

马克·霍夫曼认为，**成功的关键在于行动。无论多么美好的想法，没有行动都只能停留在虚幻之中，只能是一个愿望而非现实。**成功的路上最难的往往不是确定目标，而是有了想前进的方向之后扎扎实实地向前走，把目标分解为一步一步的具体行动，将梦想变为现实。

马克·霍夫曼是 Commerce One 的创始人，他觉得对自己最大的影响是来自西点，他一直遵守西点"立即行动"的准则。

马克·霍夫曼偶然听到一个消息：曾经生意兴隆的一家软件公司因为经济大萧条发生了危机，已经停业，该公司属于巴尔的摩商业信用公司所有，他们决定以 70 万美元将这家公司出售。

马克·霍夫曼想到一个不花自己一分钱就得到这家公司的创意。这个想法实在太美妙了，美妙得让他不敢相信，美妙得使他甚至准备放弃。但是，放弃的念头一出现，他就马上对自己说："立即采取行动！"于是马克·霍夫曼马上带着自己的律师，与巴尔的摩商业信用公司进行谈判。下面就是那场精彩的对话：

"我想购买你们的软件公司。"

"可以，70 万美元。请问你有这么多的钱吗？"

"没有，但是我可以向你们借。"

"什么？"对方几乎不相信自己的耳朵。

马克·霍夫曼进一步说："你们商业信用公司不是向外放款吗？我有把握将软件公司经营好，但我得向你们借钱来经营。"

这是一个看来很荒诞的想法：商业信用公司卖掉自己的公司，不仅一分钱拿不到，还要借钱给购买者去经营。而购买者借钱的唯一理由则是自己有一帮很优秀的技术人员，能经营好这家软件公司。

商业信用公司经过调查后，对马克·霍夫曼的经营才能很有信心，于是奇迹出现了：马克·霍夫曼没有花一分钱，就拥有了一家自己的软件公司。之后，他将公司经营得十分出色，成了美国很有名的软件公司之一。

人与人最大的不同不在于有没有梦想，不在于有没有目标，关键就在于行动。想到就干，立即行动。一切的一切毫无意义——除非我们立即付诸行动。

不少的人总是眼睁睁地看着到手的机会溜走了，这是什么原因呢？因为他们不敢行动，而且准备不充分，，害怕失败；当他一切都准备充分了，然而时机已经过去了，如果再采取行动，那么，就已经没有任何意义。

注重行动的关键在于,不要怕有疯狂的想法,重要的是要立即行动,而不是拖延。无论什么事,只有自己去做,才可能知道能否成功。

比尔·盖茨的同学克拉克非常优秀,他能够预测到电脑发展广阔的前景。最开始,比尔·盖茨邀请他一起退学开发电脑软件时,克拉克认为这方面的知识不太丰富;当克拉克获得硕士学位的时候,比尔·盖茨已经创业成功;当克拉克获得博士学位,有了足够的能力开发软件时,比尔·盖茨靠开发 Windows 已经成为世界首富。因为比尔·盖茨看准一件事之后马上行动。

比尔·盖茨说过:"想做的事情,马上去做! 当'马上去做'从潜意识中浮现时,立即付诸行动。"

比尔·盖茨是这么说的,也是这么做的。自从比尔·盖茨进入湖滨中学那间小计算机房的那一天起,计算机对他就产生了一种无法抗拒的魅力。15 岁,他就为信息公司编写过异常复杂的工资程序。

比尔·盖茨于 1973 年考入哈佛大学,攻读计算机专业。他常常在计算机房夜以继日地工作。

就如同苹果砸出牛顿的智慧似的,个人电脑突然出现在盖茨的脑海也是有一个外在的启发者,这就是 1975 年美国的《大众电子学》杂志,它封面上的一张 Altair 8080 型计算机图片点燃了盖茨的电脑梦。比尔·盖茨马上打电话给这份杂志的主编表示要给 Altair 研制 Basic 语言。接着盖茨与他的好友艾伦在哈佛阿肯计算机中心通宵达旦地工作了 8 周,研制出了 Basic 语言,从而开辟了 PC 软件业的新道路。

于是比尔·盖茨便产生了退学的想法,他希望能够跟艾伦一起创办一家软件公司,可是遭到父母强烈反对。比尔·盖茨当时认定了自己创业的想法,只有付诸行动,才能实现自己的梦想。

虽然他的父母想尽很多方法阻止盖茨创业,可是盖茨仍然坚持自己的想法,最终与好友艾伦一起创建了著名的微软公司。

假如当初比尔·盖茨有了很好的想法,但没有立即行动,那么就不可能获得现在的成就。获得成功的人士都有一个共同特点——他们做事言出即行。立即行动是现代成功人士的行为理念，任何规划和蓝图都不能保证你成功，很多公司能取得今天的成就，不是事先规划出来的，而是在行动中一步一步经过不断实践和调整才获得的。

因此，管理必须以行动为导向，成功必然依靠行动来实现。

那么，作为公司领导，该如何修炼自己言出即行的习惯呢？

（1）积极行动，不要等到"万事俱备"的时候再去做。

（2）在计划时间内完成工作。充分利用有效的时间，去主动完成工作，并清楚在计划时间内完成工作的重要性。

（3）克服拖延的恶习，即刻就去做。不要今天的事情不做完而放到明天或以后去做，其实在拖延之中所耗费的时间和精力，就足以把今天的工作做完。

（4）养成良好的工作习惯。在工作中遇到问题时，能当场解决就当场解决，切忌犹豫不决。

行 动 指 南

不行动你不可能赚钱，不敢行动你赚不了钱。千万个梦想不如一个行动，立即行动起来，立即忙起来，立即做该做的事，就是立即向成功跨出了一步。成功属于行动者。

无 条 件 执 行

在西点,有一条军规是无条件执行。军人首先要学会服从,团队的巨大力量来自于个体的服从精神。在企业中,我们更需要这种服从精神,领导的意识通过下属的服从会迅速变成一股强大的执行力。

——西点毕业生、劳恩钢铁公司总裁　卡尔·劳恩

执行力如何在相当大程度上体现在执行能否到位以及能否最终达到目的,在正确战略指导的前提下,执行者就是不能有任何借口,并且在执行过程中不能打折扣,以"保证完成任务"行动准则。

绝大多数的企业存在这样的问题,领导的想法与员工的想法经常不能获得有效的统一,为此造成执行力丧失,不管战略蓝图是多么宏伟或者组织结构是多么科学合理,都难以发挥其本身的威力。

对西点学员来说,无论在什么情况下都要服从上级的命令,让你冲锋陷阵就要冲在最前面,让你炸碉堡就要勇敢地点燃导火索,让你加入敢死队就要把生命献出去。无论上级的命令是正确的还是错误的,无论你是愉快的还是愤懑的,都要毫无理由、毫无疑义地服从并付诸实施。

对军队来说,服从的具体体现就是纪律,严格的纪律是形成凝聚力、战斗力的关键因素。没有纪律的军队只能是一支松散的杂牌军,在战场上会溃不成军,甚至被全部歼灭;纪律严明的军队能够团结一致,奋勇杀敌,一往无前,取得最后的胜利。

卡尔·劳恩对此做了非常生动的描述:"上级的命令,就如同大炮

发射出的炮弹似的,在命令面前你没理由可说,必须无条件服从。"

卡尔·劳恩认为,商场如战场,服从的观念在任何一个组织里同样适用。组织中的每一位成员都必须服从上级的命令,就如同每一位军人都必须服从上级的命令一样。大到一个国家、军队,小到一个组织、部门,决定其成败的关键就取决于是否完美地贯彻了服从的观念。

虽然在军队里强调服从是从军事指挥的角度来制定的,在企业管理中不能机械地一一拿来使用,但是一个高效的企业必须培养良好的服从观念,一名优秀的员工也必须具有服从意识。假如在一个团队里,如果其成员不能无条件地服从上级的指挥,那么在达成共同目标时,就有可能产生阻力;反之,则能发挥出超强的执行力,使团队战胜一切困难,为企业走向发展壮大的道路提供最有效的保障。

对一个组织来说,执行力就等于战斗力!作为企业的经营理念,再以这样的精神传达给各级员工。对于企业的员工来说,要有严格要求自己的目标,绝对不说不可能,绝对不找任何理由,勇于承担责任,保证完成任务。

唐纳德是一家美国大型建筑公司设计部的经理。有一次,该公司为了跟同行几家公司竞争政府准备开发的一幢商业大楼的建筑业务,公司总裁要求唐纳德在一个星期之内拿出商业大楼的设计图来,并且一再强调,这次竞标能否成功关系到公司的声誉,因为市场极不景气,如果能争取到这幢大楼的建筑开发权,就会在同行中树立起极好的威信,也能争取一批潜在的客户。

唐纳德接受任务的时候,虽然感到时间非常短,而且设计部里的员工绝大多数是刚从建筑学院毕业的学生,这些员工只有理论知识,没有实践经验。然而面对这些不利因素,唐纳德没有半点犹豫,就马上立下军令状:他亲自率领设计部的所有员工,用最快的速度,保证完成设计任务,若自己的设计方案不具备竞争力,他就愿接受公司总裁处罚。

当唐纳德乐意地接受任务并立下军令状时，公司里一个元老私下里找到他说："年轻人，你必须慎重一点，这样的任务你完全有理由拒绝。"

"为什么拒绝？设计部的主要任务就是为公司设计具有竞争力的图纸！"唐纳德迷惑不解地反问道。

"不过，假如你设计的图纸不具备竞争力，则会影响你在公司的发展前程；另外，总裁给你的时间太短，而你的下属大多数又没有工作经验，这些都是你可以推脱的正当理由啊！"

"谢谢你的规劝！虽然你说得很有道理，然而我作为公司设计部的负责人，在任务来临的时候，如果我选择了临阵逃脱，就是我的失职，不管怎么样，我都不能找任何借口推辞，我将会尽我的最大的努力，保证完成公司交给我的任务！"

接着，唐纳德带领公司设计部的员工们去图书馆查找有关资料，或者向建筑专家请教，或者学习同行的先进经验，并利用电脑整理各种数据。同事们发现，在那几天里，设计部的灯光在晚上从来就没有熄灭过。唐纳德和他的同事们在紧张地从事着商业大楼的图纸设计，他们当中的年轻人拒绝了与女友的约会，甚至关掉了自己的手机，拒绝与家人和朋友们聊天，全身心地投入到工作之中。

时间过了7天，唐纳德和同事们将设计好的图纸交给公司总裁的时候，唐纳德的心里仍然不感到轻松，因为只有公司成功地竞标，才意味着他们完满地完成了公司所交给的任务。

3天后，在政府宣布竞标结果为唐纳德的公司时，总经理热烈地拥抱着唐纳德说："干得好，小伙子！"此时，唐纳德和他的同事们才放下心来，因为他们终于圆满地完成了领导交给他们的任务。

凡是拥有较强执行力的企业，其员工总是会以"迅速"、"认真"、"信守承诺"为准则来严格地要求自己的。因为公司执行的文化深深地植根于他们的思想当中，变成了一种良好的行为习惯，想停也停不下来。执行力文化事实上是一种没有任何借口的文化。只有没有任何的借口才有执行力。"命令就是命令，只有服从"，只有懂得服从的员工才有可能当上总裁。

无条件执行指的是行动没有任何理由任何借口，设定了目标和方向，就要坚定信念去实现，无论路途多遥远，无论多少荆棘坎坷，都不能阻挡我们前进的步伐。无条件执行并不是盲目的执行，我们执行的是高尚的、有道德的、有效的行动。

现代心理学家指出，大多数情况下，人是靠习惯做事情的。只要形成了一种高执行力的习惯，并以一种自信、精神饱满的状态全力以赴地去执行，很多事情就能水到渠成地解决。当然这种前提是把一种执行的文化植根于员工的思想之中。

要想提高公司的执行力，不仅要提高公司从上到下的每一个员工的执行力，而且要提高每一个部门、每一个团队的整体执行力，唯有如此，才会形成公司的系统执行力，进而形成公司的执行力和竞争力。

行动指南

作为一个企业，再伟大的目标与构想，再完美的操作方案，如果不能强有力地执行，最终也只能是纸上谈兵。要加强企业执行力的建设，就要在组织设置、人员配备及操作流程上有效地结合企业现状，将企业整合成为一个安全、有效、可控的整体，并利用在制度上减少管理漏洞，在目标上设定标准，在落实上有效监督，借此，企业执行力度自然就会得到有效提高。

纪律是保证
执行力的关键

　　纪律是保证执行力的关键。在任何组织中，只有严明纪律，强调纪律的重要性，才能增强企业的执行力。

　　　　　　　——西点毕业生、英特尔中国区总裁　简·瑞杰

　　一个企业的执行力如何，将决定企业的兴衰。一个好的企业战略要靠执行，而执行要靠严格的纪律和制度。如果没有严格的纪律和制度，那无论什么战略都无法执行。

　　"在西点学习的时候，一个人处在有着明确目标和严明纪律的环境当中，这对将来我所从事的工作都非常有意义，这一时期是一个极好的训练。同时又是一个非常好的机会了解怎样领导一个组织。直到现在的英特尔，我们还是按照严明的纪律和明确的目标办事，因此我从西点军校获益匪浅。"简·瑞杰如是说。

　　西点以严明的纪律而著称的，对学员纪律的要求比其他学校甚至部队更为严格。以日常生活管理为例，每个学员手中都有多达十几甚至几十本条令、条例、命令和规定，必须学习和遵守。一开始学员们可能只是为了形式，时间久了习惯便成自然，学员逐渐地变成了自觉的纪律。

　　在军队管理中，纪律是刚性的，是没有讨价的余地的，任何人都必须遵守纪律，服从纪律。

　　作为西点毕业生，简·瑞杰讲述了这么的一个故事：

　　一次，巴顿将军为了整顿军纪，发出了"头盔上必须标明军衔"的

命令。但是一名资历很深的老上校却拒绝执行命令，因为他认为：如果在头盔上印上老鹰，就等于是向敌人提供射击目标。由于他的想法，许多军官也不标明军衔了。整个部队士兵身上穿着各式各样的服装，纪律十分松懈，见到长官既不敬礼，也不叫一声长官。用巴顿将军的话说"简直就是一群乌合之众"！

巴顿将军先找到了那位老上校，希望他带头遵守纪律，但老上校却争辩说："我常到前线去，如果在头盔上标明军衔，那无疑是为敌人提供射击靶子，如果我死了，就不能为你和我的部队服务了。"

面对老上校的违纪和诡辩，巴顿将军没有"暴跳如雷"，粗暴地命令他立刻遵守，他决定采取一种柔和的"以退为进"的方法来说服老上校。

巴顿将军听后笑了笑说："上校先生，上我的车，到前线看看，你就会发现，你的看法是不对的！"

一到前线，士兵们立刻认出了车上的巴顿将军，他们放下了手中的工作向他立正敬礼，向他欢呼。这时老上校才发现，巴顿将军的头盔、双肩和领子两旁，乃至吉普车上都标有二星标志。

巴顿将军边向士兵们还礼边对老上校说："这些士兵希望你来领导他们，但你不佩戴军衔标志，他们对你就不会尊敬，你起不到领导作用。一名指挥官应在部队前面指挥士兵，即使战死也在所不辞。士兵们一定得知道谁是他们的指挥官，戴上你的军衔标志吧！"

老上校听后，心悦诚服地说："巴顿将军，您说得对！我立即照办。"

面对老上校的顽固，巴顿将军既不是长篇大论地反驳，也不是用命令的方式，而是要他乘上车看一看实际情况。这样，事实就把顽固的老上校说服了。

在纪律面前，人人平等，任何人都得遵守纪律，因为纪律是保持部队战斗力的重要因素，也是士兵们发挥最大潜力的基本保障。所以纪律应该是刚性的，它甚至比战斗的激烈程度和死亡的可怕性质还要强烈。

军队的纪律关系到履行职责的意愿,应毫不怀疑地、忠实地、尽可能地执行命令,为此,每一个战士都心领神会。

简·瑞杰说:"西点军校是一个培养领导力的地方,它教会我怎样领导一个团队,同时如何按照指定的要求有纪律性地去完成使命。"

简·瑞杰认为,对于一个组织而言,纪律永远比任何东西都重要,没有了纪律,便没有了一切。同样如此,当一个企业和他的员工都有着强烈的纪律意识,在不允许妥协的地方就坚决不妥协,在应当遵守规章制度的地方就必须遵守,这样,企业就会朝健康的方向发展,员工的个人素质也会得到相应的提升。

英特尔副总裁简·瑞杰十分重视纪律,塑造英特尔独树一格的管理风格。从生产车间、质量管理部门到财务管理部门,甚至营销部门,每个部门都有明确的规范,甚至连公司留言都分成"需要行动"、"背景资料"以及"重要资料"等不同等级,每个人都按照这个标准而行。

上班制度是另一个例证。英特尔早上8点准时上班,8点05分以后到的同事,就得在"英雄榜"上签名。

简·瑞杰在阐述他对纪律的看法时说:"每当我遇到员工不遵守纪律时,都采取一种跟他人很不同的处理方法。首先,我要与这个员工商量,采取什么措施来改进自己的工作。我提出了一个建议,并且还规定一个合情合理的期限。这样,或许会得到成功。然而,假如这种努力依然不能奏效,那么,我就必须考虑采取对员工和公司来说可能都是最好的办法。当我发现一个员工不遵守纪律、工作总是出差错时,就决定开除他!因为遵守公司纪律没有任何商量的余地。"

由此可见,**对任何企业来说都不能忽视既定的制度和纪律,否则,就会遭受巨大的损失。因为纪律是企业的根本,假如没有了纪律的约束,那么企业就成了一盘散沙,没有任何执行力可言。**

詹尼在出任国际电报公司(ITT)总裁时,他发现国际电报公司因毫无纪律,使得它已陷入了一片混乱之中,各个部门领导者各自为政,一些高级管理人员的指挥根本起不了作用,以致公司濒临破产的边缘。这时,詹尼采取了强有力的措施来加强公司纪律之后,情况便逐渐好转起来。

詹尼在加强纪律的过程中发现,国际电报公司是由分设在世界各地的100多个电力设备制造厂和10多个电话公司所组成的巨型企业。然而在这样一个巨型企业里,不只是公司总部的管理人员办事拖拉,而且那些掌管国外事业部的经理人更是成天游手好闲,无所事事。通过公司整顿小组的调查之后,詹尼决定从严明的纪律着手,在召开各个分公司经理的会议上,他公布了公司新规定的三条纪律,无论任何人应当遵守,否则必将受到严厉处罚。

这三条纪律是:

任何子公司,都必须不折不扣地执行总公司的命令;

每个子公司必须按月向总公司汇报自己的预算、营业收入和支出情况;

每个子公司必须定期向总公司报告自己的经营环境、面临的竞争对手和市场情况。

为了保证纪律的顺利执行,詹尼又宣布,当总公司派遣的监督人员发现子公司的负责人不称职或者不服从命令时,有权撤换;凡在此期间被解职的人,一律不发退休金。

在加强纪律整顿后,ITT公司迅速走上了正轨,詹尼再辅以其他经营之道,ITT公司恢复了昔日在国际商业舞台上的地位。

当员工有纪律的时候,就不再需要层层管辖,当行动有纪律的时候,就不再需要过多的掌控。结合了强调纪律的文化和创业精神,你就得到了激发卓越绩效的神奇力量。

在现代企业里,一些管理者虽然为公司的健康发展制定了员工必须遵守的纪律和制度,但在执行过程中,却又常常因为疏于监督,而使纪律与制度变成了一纸空文。在这种情况下,当某些员工因忽视纪律的约束而行为松散时，就会给公司带来不可估量的损失。因此，既然制定了纪律与制度，管理者就一定要监督员工们认真遵守，并主动去执行。其具体工作方法如下：

（1）管理者自身。管理者本人应该带头维护纪律，并制定有效的手段来保证各种纪律的贯彻落实，一旦有人违反纪律，一定要进行相应的惩罚，决不姑息迁就。与此同时，管理者应该以身作则，遵守纪律，做维护纪律的模范，用自身的言行去影响员工，而不是用空洞的说教或条条框框去约束。

（2）员工方面。身为员工，也应自觉维护公司的纪律，要时时、处处用纪律约束自己的言行；不做违背组织纪律的事情；要敢于与违反纪律的人和事作斗争。

（3）管理者应把公司的纪律写在纸上，挂在公司最醒目的地方，使组织中的所有人随时能看到，这就无形中能用纪律约束他们的言行，使他们自觉地遵守。如把各种纪律印成小册子，在培训员工时作为一项单独的课程拿出来讲解，就能使员工加深印象，同时还能使员工认识到遵守纪律的重要性。

（4）公开严肃处理违纪者，"杀鸡给猴看"，也能起到很好的警示作用。

行 动 指 南

执行力需要纪律和制度来保证，没有纪律，就没有执行力。企业所有的构想必须能有效落实，通过优质的员工、卓越的文化、严格的纪律以及与核心竞争力相配套的技术支持，才能实现企业卓越的理想。

胆量决定成功

一个人成功的关键是胆量和勇气,如果没有胆量和勇气,就不会拥有一切。成功是可以用胆量缔造的,有一种胆量是可以穿透梦想的。

——西点毕业生、美国在线创始人　吉姆·凯斯

一个真正的企业家和领导者,不仅要有经营管理的才能,更需要有胆量。在日趋激烈的商业竞争中,如果没有一定的勇气和胆量,即使作出比较切合实际的预见,也不能很快地发展下去。

作为西点毕业生,吉姆·凯斯说,在西点,我经历过魔鬼训练,这种训练极大地锻炼了我的意志和胆量。凡是参加过这种训练的学员,意志和胆量都有不同程度的提高。

胆量是促进大家在精神上战胜巨大危险的宝贵力量,也是战胜敌人的必要条件。从士兵到将军,胆量都是非常可贵的品质。作为军队的统帅,有非凡智慧作指导的胆量是杰出指挥官的标志,如果没有胆量就根本谈不上杰出的统帅。作为士兵有超人的本领而胆量过人,就是一个优秀的士兵。

吉姆·凯斯认为,对企业领导也是如此,胆量是企业领导必不可少的素质。许多商场上的行家里手都有胆有识,而且还具有决断魄力,能在关键的时候,为得虎子,敢入虎穴。

吉姆·凯斯就有勇气和胆量的人,他敢说、更敢干,别人不敢说的他说,不敢干的他干,他展现出了非凡的商业才能,创建了著名网站——"美国在线",在吉姆·凯斯的主导下,美国在线由一个默默无

闻的小公司发展成为全球最大的网络服务商。他信奉"胆量决定成功",推动了电子商务的时兴潮流。

世上有很多的人不愿意冒险,缺少超人胆量只求安稳,因此他们则一事无成。所谓胆量就是指不管做任何事时胆子要大一点,要克服只求安稳的弱点,要勇于冒险、敢作敢为,并相信自己能够获得成功。

根据美国企业家协会的调查显示,世界上真正能做大事的人,未必都是精明人,然而他却一定是有胆量的人。

胆量与成功是成正比例的。有胆量的企业家观念上从不保守,行动上敢为天下先,得到的商机自然比别人更多。机会越多,成功的几率就越大,成功的速度也就越快。胆量与成功是成正比例的。

胆量是企业家成功的前提条件。当别人还在观望的时候,有胆量的企业家已经行动起来;当别人还在犹豫不决的时候,有胆量的企业家早就挖到了第一桶金。

摩根就是这样一位企业家。冒着风险去投资,在短时间内脱颖而出,向大企业挑战,创立新兴的投资银行;进行垄断,跻身国际经济舞台,成为美国 19 世纪 70 年代至 20 世纪 20 年代叱咤风云的大金融家。

"如果政府和法律不做,我自己来!"

这句石破天惊的话几乎成了美国几个世纪以来最出名的名言,说出这句惊世骇俗的话的人就是摩根。

1857 年,摩根从德国哥廷根大学毕业,进入邓肯商行工作。一次,他去古巴哈瓦那为商行采购鱼虾等海鲜归来,途经新奥尔良码头时,突然有一位陌生人从后面叫住他:"先生,想买咖啡吗?我可以半价出售。"

"半价?什么咖啡?"摩根疑惑地盯着陌生人。

陌生人马上自我介绍说:"我是一艘巴西货船船长,为一位美国商人运来一船咖啡,可是那位美国商人却已破产了。先生!您如果买下,等于帮我一个大忙,我情愿半价出售。但有一条,必须现金交易。先生,我是看您像个生意人,才找您谈的。"

摩根便跟着巴西船长看了咖啡,成色还不错。一想到价钱如此便宜,摩根便毫不犹豫地决定以邓肯商行的名义买下这船咖啡。然后,他兴致勃勃地给公司发去电报,可邓肯的回电十分强硬:"不准擅用公司名义!立即撤销交易!"

摩根勃然大怒,可转念一想,邓肯商行毕竟不是他摩根家的。自此摩根便产生了一种强烈的愿望,那就是开自己的公司,做自己想做的生意。

摩根无奈之下,只好求助于父亲。父亲吉诺斯回电同意他用自己伦敦公司的户头偿还挪用邓肯商行的欠款。得到父亲支持的摩根大为振奋,索性放手大干一番,在巴西船长的引荐之下,他又买下了其他船上的咖啡。

也许上帝对他也十分赏识,就在他买下这批咖啡不久,巴西便出现了严寒天气,一下子咖啡大量减产。随后,咖啡价格暴涨,摩根便稀里糊涂地大赚了一笔。

从这次极为冒险的咖啡交易中,吉诺斯相信自己的儿子是个人才,便出了大部分资金为儿子办起了摩根商行,供他施展经商的才能。他的支持对摩根后来叱咤华尔街乃至闻世界起了决定性的作用。

1862年,美国的南北战争正打得不可开交。一天,摩根新结识了一位朋友,一位华尔街投资经济人的儿子克查姆。在闲聊中,克查姆向摩根透露:"我父亲最近在华盛顿打听到,北军伤亡十分惨重!如果有人大量买进黄金,汇到伦敦去,肯定能大赚一笔。"

对经商极其敏感的摩根立即意识到这是一个十分难得的机遇,他提出与克查姆合伙做这笔生意。也有此意的克查姆马上将自己的计划告诉摩根:"我们先同皮鲍狄先生合作,通过他的公司和你的商行共同付款的方式,秘密购进四五百万美元的黄金。然后,将买到的黄金一半汇到伦敦,交给皮鲍狄,剩下一半我们留着等待时机。一旦皮鲍狄黄金汇款之事泄露出去,而政府军又战败时,黄金价格肯定会暴涨,到那时,我们再抛售手中的黄金,肯定会大赚一笔!"

摩根在脑中快速地盘算了这笔生意的风险程度,十分爽快地答应了克查姆,一切按他的计划行事。正如他们所料,秘密收购黄金的事因汇兑大宗款项"走漏"了风声。于是,很快形成了争购黄金的风潮。金价飞涨,摩根见时机已到,迅速抛售了手中所有的黄金,又狠赚了一笔。

这次黄金交易使他获得了 16 万美元的纯利润,当然他的投机也引起了联合同盟俱乐部大批商人的不满和攻击。摩根适时地退出了黄金市场。

几年的国内战争,摩根获得了多条军事机密,所获得的利润连他自己也弄不清楚。他心中有两个十分坚定的信条:一是信息对于商业的重要性;二是风险越大,带来的利润也就越多。

在一次次冒险中,他获得了巨大的成功,为他施展更为远大的抱负奠定了坚实的基础。

从某种程度上来说,冒险就意味着获取新的机遇。只有那些敢于承担风险的企业家才能带领企业走出困境,获得新生;一个不敢于冒风险的企业家最终会使企业走向衰败。

敢于冒险、敢想敢干才是企业家和企业领导应有的作风。人也只有在险境中,才能把自己锻炼成一个有胆量的人,在绝处的险境里转危为安,找寻到生机,求得财富。如何做到这一点?

(1) 不惧怕风险。面对困难和挫折,只有迎难而上,才能赢得成功。人生需要机遇,更需要抓住机遇的勇气和眼光,相反,不少人却因为担心风险,瞻前顾后而错失机会让财富白白从身边溜走。

(2) 积极尝试新的事物或是没有人做过的事。敢于将冒险精神根植到自己的事业中去,敢于用冒险的代价来换取成功的机遇。

(3) 要充分准备。是否抓住机遇,关键在于本人的准备、积累和能力。只有努力地提升本身素质，练好"内功"，充分地准备和积累，才能在机遇来临时"发现"机遇，抓住机遇。所以，机遇总是偏爱准备的人，他们总是不害怕风险，善于抓住机遇。

（4）冒险并不是鲁莽行事，盲目的冒险等于冒进。在确定做某件事情之前，必然会挖掘大量的信息，然后才可以准确地预测出"可控的风险"和"不可控的风险"，这样的冒险才是最智慧的选择，才能使自己立于不败之地！

行　动　指　南

企业领导不仅需要商业眼光，而且更需要敢想敢干的胆量。有胆量、要敢于做决定是一个企业领导应该具有的基本素质。

第十章
忠于国家

　　忠诚是一种美德，每个人都忠诚于自己的国家，这个国家才会强大，才会牢不可破；士兵能忠实于自己的军队，军队才会战无不胜；员工忠实于自己的企业，企业才会兴盛不衰。当公司利益与国家利益相违背时，你能毫不犹豫地选择国家利益吗？在一个具有牺牲精神的领导者的影响下，他的团队和员工也必然会舍身忘我，能够为企业发展无私地奉献出自己的智慧。

➤ 毕生的无私服务献给国家——商业大亨凯利·普度
➤ 忠于国家是军人的使命——商业大亨科林·查普曼
➤ 坚定的信念——美国东方航空总裁法兰克·波曼
➤ 牢记使命——可口可乐总裁罗伯特·伍德鲁夫

毕生的无私服务
献给国家

西点校训"责任、荣誉、国家"宣扬爱国精神,它致力于每个学员将"毕生的无私服务献给国家"。

——西点毕业生、商业大亨　凯利·普度

当公司利益与国家利益相违背时,你能毫不犹豫地选择国家利益吗?

奉献对人们来说,是一个人内在的基本品质和全面发展的必然要求,也是完善个性的重要方式。奉献给他人和社会的越多,自己的精神越充实,个性也就越完善。每个人,无论分工如何、能力大小,都能够在本职岗位上,通过不同的形式为国家做出贡献。

在西点军校培养了很多无私奉献、为国家献出生命的精英。比如,西点著名学子、第一个在太空中行走的宇航员怀特。

怀特于 1962 年被选入第二组宇航员。他是美国第一个在太空行走的人,也是双子星 7 号的驾驶员。另外,怀特还是阿波罗指令和服务舱的飞行控制系统的专家。根据惯例,怀特必须参与双子星 10 号任务,进行第二次轨道飞行。可是他于 1966 年被选为第一次阿波罗计划飞行任务的指令舱驾驶员。

很不幸的是,1967 年 1 月 27 日准备发射的阿波罗 1 号进行一次例行测试时,突然指令舱起火,怀特和其他两名宇航员 15 秒之内不幸全部遇难。

怀特死后,被安葬在西点军校内。假如怀特没有死于那场事故,那么他一定会执行阿波罗计划的任务并在月球上留下自己的脚印。1997年,怀特被美国追授了太空荣誉勋章。

怀特这种自我牺牲精神有一个重要的来源,即出于一种"积极的动机:荣誉心、爱国心或者其他各种激情"。

那么,西点用什么方法把这些曾经是崇尚自由、个人至上的美国年轻人,培养成富有奉献精神的人才?

"西点校训'责任、荣誉、国家'宣扬爱国精神,它致力于每个学员将'毕生的无私服务献给国家'。"作为西点毕业生,商业大亨凯利·普度如是说。

西点鼓励学员从事各种志愿者活动,或者各种义工服务,因为通过这些活动能很好地塑造学员的品格,训练学员的奉献意识。这种奉献精神在西点处处都存在,从学员们进入西点第一天就被灌输这种精神。

凯利·普度说:"无私奉献是以国家、军队和部下的利益为己任。无私奉献不是说士兵不能有强烈的自我、自尊心或正常的雄心壮志。所谓无私,是指一个人所做的一切都是有利于自己的职业发展的行为和决定,但不能伤害到别人或者破坏任务的完成。一个军队只有形成强大的团队才能有效运作,而为了这个团队能有效地运作,个人就必须为了整体的利益放弃个人的利益。"

凯利·普度认为,**当某一时刻,国家需要我们挺身而出的时候,我们要能够勇敢地站出来,不计荣辱得失,献出劳动、汗水、时间、智慧,直至健康和生命。小到一个企业,大到一个国家,都需要一种无私奉献精神。**

作为公司的一员,要把自己和公司的价值观统一起来,爱岗敬业的同时要无私奉献我们曾经从社会中得到的知识,学以致用,无私回馈公司及社会,我们不断在逆境中成长,只有大家齐心协力才能看到我们企业蓬勃发展的未来。

　　在 IBM 公司有很多具有牺牲精神的管理者,他们为自己的公司作出了巨大的贡献。他们当中最杰出一位是伯特伦,他被公司称之为"棒子杰克"。在 IBM,凡是非常自负的员工都将派到"棒子杰克"所领导的部门去工作。由"棒子杰克"来严厉地考验他们,这是他们过关的必经之路,于是使得很多人对他怀恨在心。"棒子杰克"每天仅仅睡 3 至 4 个小时,有时在半夜三点他起床到他所管辖的生产车间去看一看,瞧瞧有什么问题。虽然他的管理方法曾妨碍过他的升迁,然而最终他得到了大家由衷的尊敬。

　　"棒子杰克"在他 56 岁的时候,病倒了。他了解自己的生命已经不长了,可是他依然坚持工作。当上级领导到医院看望他时,"棒子杰克"正依靠呼吸机维持生命,然而使人感到惊讶的是,"棒子杰克"临死时还不忘 IBM 的改革,他在这时向上级推荐主持这个部门工作的人选。

　　在 IBM,还有像"棒子杰克"这样很多人。比如伯兰,他是 IBM 企业联盟构想的倡导者,这个企业联盟后来发展成为几百人的部门。企业联盟就是 IBM 公司在向顾客销售硬件前,先派一批程序员去与顾客沟通,了解顾客的需求,然后再根据顾客的要求做出一些顾客需要的软件。这给顾客留下了很深刻的印象,也使得顾客在购买电脑硬件时,首先想到的一定是 IBM 公司。

　　伯兰 50 岁时,不幸患上了脑癌,住进了医院,实施了手术,可是癌细胞已经扩散,医生也无法挽救他的生命。伯兰在生命的最后时期,请人在病房安装了一台电脑,每天还工作七个小时跟踪他的计划进度,并发出几十封至几百封电子邮件。临终的时候,他说了这样一句话:"我像 IBM 那样已经动弹不得。"此时,IBM 这位"蓝色巨人"正因机构臃肿和职能重叠而造成了它市场反应缓慢,逐渐走下坡路,濒临破产的边缘。一直到郭士纳入主 IBM 之后,对公司进行了大手术,使这位"蓝色巨人"实现了复兴。

　　当一个管理者把自己的成败与公司的成败联系在一起,将公司的

发展包含于自己的私心范围内，这就是无私奉献精神的体现。

当代企业需要的，不仅仅是拥有信息化管理的科技人才，更需要的是具有奉献精神的人才。当前，美国很多公司招聘新员工时很重视应聘者从事公益服务的情况。譬如，应聘者是否做过志愿者或义工，以及从事义工服务的多少等，这些经历往往能决定企业对应聘者最后作出什么样的选择。在现在美国人的心中有这样的一个观念：一个富有爱心的人必然是一个乐于奉献的人，也多半是一个没有太多自我中心倾向的人，而这样的人对企业来说具有非常大的潜在价值，能够成为企业的可贵财富。

为什么人一定要有奉献意识？一个重要的原因就是：**有奉献意识才能具备合作意识**。有奉献意识的人一般都不会有太强的自我中心倾向，而这是能否与人成功合作的前提。一个自我中心色彩太强的，凡事总是围绕自己来考虑的人，几乎不可能与他人建立良好的合作关系。

尤其是在企业团队建设当中，奉献精神还表现为团队成员在各自的岗位上"尽心尽力"，"主动"为了团队的和谐而甘当配角，"自愿"为团队奉献自己的知识和技能，与别人共享。这在日益提倡个性化、讲究个人能力的今天，决不是一件说到就能做到的事，这需要一种奉献精神。比如：

在微软，公司开发 Windows 2000 产品的时候，有 3 000 多名开发工程师和测试人员参与，研发了 5 000 万行代码。假如没有高度统一的团队精神，假如离开每个参与者的分工合作和奉献，这个项目是难以完成的。

作为企业中的每个成员，不应该只专注于自己的利益，要把整体利益放在第一位，全神贯注于企业的整体利益。要认识到"我是企业中的一员，我必须对企业负责"。仔细想一想，企业的收益不正是和个人收益攸切相关吗？假如每个成员不做奉献的话，整个企业便会失去胜利的机会,受到损失的不光是整个企业,还有企业的成员,当然自己也包括在内。因此为了企业的利益,同时也为了本人的利益,必须要摒弃那种"只专注于个人的利益"的想法。

奉献,是需要每个成员努力做好自己本职工作;奉献,是需要每个成员无时无刻地记住组织的伟大使命,为了公司的宏伟目标而努力;奉献,是需要每个成员不斤斤计较个人得失,一切以公司利益为根本利益。

行 动 指 南

如果一个组织的成员缺乏奉献精神,是不能做好事情的。奉献精神是一种爱,是对自己事业的不求回报的爱和全身心的付出。奉献精神有助于企业的团结,有助于企业的发展。如果领导者和员工愿意无私地为公司工作,公司就会不断向成功迈进。

忠于国家是军人的使命

忠于国家是军人的使命。无论对错，这是我的国家。

——西点毕业生、商业大亨　科林·查普曼

忠诚是一种美德，每个人都忠诚于自己的国家，这个国家才会强大，才会牢不可破；士兵能忠实于自己的军队，军队才会战无不胜；员工忠实于自己的企业，企业才会兴盛不衰。当我们绝对忠诚于自己的国家时，实际上也是忠诚于整个社会。

在西点军校，有一个特点就是每个学员对西点身份的无比忠诚。在军队，西点毕业生被称之为"灰色长线"。西点的灰色军装，自1816年确定之后从来没有改变过。在西点军校历史的坐标上，这条灰线不仅非常长，而且还非常深。

西点校训是"责任、荣誉、国家"。"国家"这个词，旨在唤起一种为美国国家利益和民族理想服务的献身精神。这是军校培养学员的终极目标和最高要求。

从西点军校的历史本身来说就是一部最佳的爱国教材，在西点校园中，竖立了很多像巴顿将军这样为美国民族利益作出巨大贡献的人的雕像，这是为每个西点学员树立荣誉感的榜样。

每个刚到西点的新学员都在这里强烈地感受到西点的荣誉以及它对国家所担当的责任，都感受到生活在一种追求荣誉、恪尽职守和为国奉献的气氛中。每个新学员一进入西点军校时，就要先遵守西点的"荣誉制度"，这则是培养学员忠诚、正直的主要途径。200多年以来，西点学员正是遵循"忠于国家"这一校训，献身战场，流血牺牲，前赴后继，英勇顽强，为维护美国的民族利益忠诚地履行职责，并作出了很大的贡献。

科林·查普曼认为，**不仅仅是军队需要忠诚，在任何一个组织里都需要忠诚，忠诚也应该是职场中最值得重视的美德，因为每一个企业的发展和壮大都需要员工的忠诚来维护。**

作为一个"百年老店"的CEO，科林·查普曼说："**对于公司的忠诚，才是企业发展的永恒源泉。**"

科林·查普曼认为，假如员工们不忠诚于自己的企业，不忠于自己的上司，那么这个企业无疑就会走下坡路，甚至会破产，那么不忠诚的员工自然就会随之失业。当每个员工均对公司忠诚时，便可以发挥团队力量，便可以发挥战斗力，推动公司走向成功。同样，每个人只要具备了忠诚的品质，才有可能获得事业上的成功。

科林·查普曼是美国哈雷-戴维森摩托车公司CEO，一家世界500强企业的领导者。在美国甚至全球，哈雷不只是一个摩托车的品牌，更多的是一种精神和文化的象征，代表着开拓、张扬和勇敢的个性。哈雷与其他名牌不同在于：哈雷摩托车的车主，对哈雷公司和产品，具有近乎狂热甚至宗教般的忠诚。不管哈雷车主们多么忙，每到一定的时间必须聚在一起。他们聚会时的穿戴，都是哈雷公司授权生产的服饰，若谁购买了其他公司生产的摩托车，就会被称之为"叛徒"。对于哈雷品牌在这些"粉丝"心中的重要地位，科林·查普曼非常了解。而作为CEO，他对哈雷品牌的忠诚，丝毫不亚于用户，甚至有过之而无不及。而多年前的一件事情，则使他对哈雷品牌的热爱，由懵懂变成了务实。对公司的忠诚，就像颗种子一样，开始在他的心里萌发、扎根。科林·查普曼将自己对哈雷公司的忠诚，贯穿到了他的整个前半生。

科林·查普曼从西点毕业后，他进入哈雷公司工作，一干就是30

多年。当初,他只是一个普通会计。他的同事们眼见着哈雷品牌日薄西山,大难临头,他们选择了离开,另谋高就,而他却选择了留下来。科林·查普曼凭借自己对公司的高度忠诚,他把账目记录核查得清清楚楚。在同事眼里,他有着"低调、好商量"的处事风格;在领导眼里,他有着出众的财务管理能力。1990 年,他被任命为公司财务总监。

财务总监是一份枯燥乏味而且具有高风险的工作,但科林·查普曼在这个位置上一干就是 15 年。如何合理地缩减管理费用,怎样筹措公司发展所需要的资金,不管白天还是夜晚,科林·查普曼每时每刻都在考虑着公司的事情。

科林·查普曼对公司的忠诚,如同他对 37 年的婚姻一样。也因为这个原因,他比别的员工更加了解哈雷公司。而这一切,都被即将退休的哈雷 CEO 布鲁斯坦看在眼里。2005 年初,布鲁斯坦放心地把 CEO 的位置交给了科林·查普曼。此时,科林·查普曼已在哈雷公司工作了整整 37 年。

忠诚是我们的做人之本,忠于自己的公司,忠诚于自己的老板,与公司风雨同舟,荣辱与共,全心全意为公司工作,把公司当成自己的公司,这是我们每个员工的责任。

可是,不少的员工却缺乏忠诚,他们并不考虑公司利益,仅仅考虑自己的利益,只想做什么样的职业才能得到更多的钱。因此,在工作中,他们总是"这山望着那山高",并以频繁跳槽为荣。虽然在人的一生中,换几次工作是一件很正常的事,但最好不要动不动就想以跳槽来改变自己的境遇,你可以勤奋、高效地做好自己分内的工作,并努力提高自己各方面的成绩,这样才能更好地接近成功。

要忠诚于自己的公司,员工应做到以下几点:

第一,要求自己做一个品德高尚的人。当一个人具有正直、诚实等良好的品质时,他肯定也是一个忠诚于自己组织的人。

(1)员工要做一个诚实的人,即在工作中不欺骗公司,不欺骗同伴,敢讲真话。

(2) 要具备正直的品格,不讲不利于公司发展的话,不做不利于公司发展的事,不把个人的消费账单记到公司上,不故意损坏公司的财物,等等。

第二,维护公司的利益。维护公司的利益,就是要求员工不做任何与履行职责相悖的事,不做那些有损于公司形象和信誉的事。其具体体现在以下几个细节上:

(1) 不出卖公司的商业秘密。不把公司重要的文件或其他资料带回家,或借阅给他人。即使受到诱惑,也要保守机密,不能为了个人利益而出卖公司的利益。

(2) 要遵守公司纪律和必备的职业道德。

(3) 个人利益要服从组织利益,当两者发生冲突时,要以公司利益为重。

第三,忠于公司,忠于领导。其具体体现在以下几个方面:

(1) 每一位员工都应该明白,自己和领导并不是对立的,要站在领导的立场考虑问题,给予领导同情和理解。当领导在工作中支持了自己时,要懂得感恩。

(2) 要以老板的心态对待公司,热爱公司,将公司当成自己的事业。

(3) 不要轻视公司,特别是在遭受挫折和遇到不公正待遇时,不要采取消极的对抗态度,不要牢骚和抱怨,而应该主动与领导沟通,交流自己的想法,这样才能使问题得到解决,而不是使矛盾激化。

第四,要和公司同甘共苦,荣辱与共。任何组织在发展的过程中,都会遭遇不同程度的困难。面对这种情况,员工应做到以下几点:

(1) 与公司站在一起,而不是跳槽,或冷眼旁观。

(2) 员工应该采取积极的行动,想尽办法帮助公司走出困境。当一些人因为自己的利益受损而故意造谣中伤公司时,应该义正辞严地谴责他们,并与他们划清界限。

（3）当同事升职、加薪，而自己仍"原地踏步"时，仍应该尽职尽责、无怨无悔地工作。

行 动 指 南

忠于自己的国家，就是用一种更高层次的方式为事业作出贡献。忠诚是对事业负责的动力。忠诚的态度是敬业的土壤，在这片土壤上盛开的是世界上最美的花朵！因此我们要时刻严格要求自己，忠于国家、忠于人民，忠于自己所服务的企业，要时刻牢记企业的利益永远高于个人的利益。

坚 定 的 信 念

一个企业能够长期生存下来,最主要的条件并不是管理技能,而是我们称之为"信念"的那种精神力量以及"信念"对企业成员所具有的感召力。

——西点毕业生、美国东方航空总裁　法兰克·波曼

坚定的信念来自充分的自信和对事物的正确判断,**信念可以创造奇迹,变不可能为可能。作为企业的领导人,一定要有坚定的信念。这种信念表现在你的精神上和行动上,并且时时刻刻影响着公司中的每一个成员。**

法兰克·波曼说,信念就是西点军校的组织秘密。这也是一切伟大团队的组织秘密。

是什么样的力量塑造了西点军校这个卓越的组织? 是什么样的力量塑造了无坚不摧的战斗力? 法兰克·波曼认为最主要的是强大的精神力量。西点善于激发学员精神力量,西点比一般大学更重视思想教育,这些教育主要体现在爱国教育、忠诚教育、荣誉教育。

麦克阿瑟在担任西点校长期间,他清楚地阐述了西点的信仰:"很多都是西点所培养的伟大的将领,肩负着战争时期的国家命运。这些穿着灰色制服的士兵,从来未辜负过美国人民的希望。如果你们辜负了人们的希望,马上就会有上百万的军魂,身着草棕色、蓝色、黄色和灰色制服的军魂,从白色十字架下翻身起来,面对你们会一齐高呼'责任、荣誉、国家'。"

西点军校要求教员们很注意在平时的训练中对学员强化"爱国的

伟大情感"、"为国家利益作出巨大贡献"之类的信念,为了激发学员的爱国热情,从而激发信念的力量。

法兰克·波曼认为,**信念是一切重要问题中最为重要的,因为信念告诉人们一个组织为什么要存在、为什么要发展。信念给予组织存在的意义,就是给予组织的方向。对企业也如此,信念是一种道路。没有信念的企业,一定没有战略。**

伟大的组织是信念的物化,领导人是信念的奉行者与推行者。二战期间,美国军方向惠普公司订一大笔货。可是惠普公司的高层深思熟虑之后,仅仅接受了这笔订单的一部分。因为惠普公司的理念就是尊重员工,接受一个很大的订单就要招聘很多人,然而战争之后又要辞退这些员工,因此送上门的钱也不能要。正是这种信念,使惠普公司得以不断地发展。

惠普公司的创始人比尔·休利特说,正像一个人活着只是为了吃饭那样,公司并非只是为了利润而生存。回忆他的一生的时候,他最感到自豪的事情并非创建了一个进入全球 500 强的巨大公司,而是用一种价值观和做事方法对全球的企业管理方式带来深远影响。

休利特如此说道:"我尤其骄傲的是,留下一个能够不断地经营、能够在我百年以后永久作为典范的组织。"

惠普公司为什么并未把利润视为公司的信念? 道理非常简单,如果一个人纯粹以物质为动力,那么这个人只要有充足的生活来源,就会迅速地失去前进的动力;同样,若一个企业纯粹以利润为动力,那么在企业内部为利益斗争所累的同时,还会造就出一心谋私利的员工,这样,塑造企业的文化会使这个企业变成一个利欲熏心、利尽则散的企业。这些企业可能在硬件上能够迅速地赶上并超越一些卓越者,然而精神、价值观等无形的东西永远无法真正像宗教那样深入每一个员工的心灵,让他们以宗教般虔诚的心态来制造、研究和创新。

有时候做什么事情,就是信念。心理学的角度,**信念指的是一个人对于自己生活中所遵循的原则和理想的深刻而稳固的信仰。信念**

就像指南针和地图，指引着人们要达到的目标。一个没有信念、意志不坚强的人，就如同缺少马达和航舵的小汽艇，无法前进一步。因此，人生必须要有信念来引导。当一个人具有坚定的信念，具有钢铁般的意志时，他就能战胜一切困难。

心理学研究表明：信念通常是同炽烈、执著的情感和顽强的意志融合在一起的。因此，具有坚定信念的人，总能创造出各种各样的奇迹。

罗伯特·麦克纳马拉是个信念坚定的企业领导人，他的外表看起来虽然显得很严峻，但他的骨子里透出一种执著的精神。他从来不相信感觉做事，他只凭借信念来完成自己的使命。正是凭借着这种执著的精神他为福特公司的发展立下了汗马功劳。

二战时期，麦克纳马拉曾在西点军校授过课，后来参军加入桑顿领导的美军陆军航空队统计管制处。二战结束以后，麦克纳马拉受福特公司年轻的总裁亨利·福特二世的邀请，整顿这家曾在世界汽车行业享有霸主地位——当时却陷入破产地步的公司。

麦克纳马拉在福特公司做过 15 年的高管，最后成为该公司总裁。他把自己严谨的理性分析注入福特公司庞大的官僚体制中，强调用数字和事实来说话。从而使福特公司实现了惊天的大逆转。

麦克纳马拉在企业管理中始终抱着强烈的社会责任感。与很多美国汽车行业的高管不太一样，他最早便提出"安全第一"的理念。

20 世纪 50 年代，他就认识到汽车行业的安全问题。他注意到康奈尔大学的约翰·莫尔主持的一个车祸伤亡研究计划，其中谈及，1956 年，美国因为车祸而丧生的人数达到 4 万之多，受伤人数 150 万。而 15 岁至 24 岁的美国公民死亡原因第一位就是车祸；25 岁至 29 岁的死亡原因，车祸占第二位。麦克纳马拉跟着桑顿为陆军航空队效命时，曾经委托康奈尔大学研究飞机的安全问题，来改进飞航人员的安全措施。然而康奈尔大学进行调查后，却发现飞行员最主要的死亡原因不是飞机事故,而是车祸。

麦克纳马拉对此感到很痛心,当上福特公司总裁之后下决心要解决这个问题。但是,当时美国汽车行业对于车祸问题大多数持冷漠态度,很多汽车生产厂商不希望人们认识到车祸这个问题,也不认为他们对此有任何责任。但麦克纳马拉并不这么认为,他相信在安全问题上能够改变一些市场规则,并为这一改变而努力。他要求营销人员推动一系列的福特汽车安全广告,这在当时美国汽车之都——底特律是前所未有的。可是当时不少的人对麦克纳马拉这一行动持着质疑的态度,甚至福特公司内部也有人怀疑,比如福特公司董事长亨利·福特自己就喜欢开快车。但麦克纳马拉仍然将公司出厂的汽车都装上了安全带。于是他的安全带受到了来自很多方面的误解和攻击。他们说:"麦克纳马拉卖的是安全,通用汽车公司卖的才是汽车。"然而麦克纳马拉并不妥协,凭借对大众的那份责任感而坚守自己的信念。

麦克纳马拉最终说动了亨利·福特支持他这项努力,于是福特公司以后推出的车型均安装了加衬垫的仪表板和更安全的方向盘,并率先配备了安全带。

安装了安全带的福特汽车,证明了那些竞争对手攻击是非常错误的。当时的统计资料证明麦克纳马拉的主张完全是正确的,并且也证实了他的承诺:利润和社会责任两者同时能兼顾。在统计资料中显示这么一个的例子:一位驾驶员在美国西海岸公路上翻车,他开的是一部福特公司生产的汽车,速度达到120公里,可是因为系了安全带,使得他毫发无损。

后来麦克纳马拉回忆说:"当时汽车行业的普遍观点是,若谈到汽车安全问题,一定会吓坏大众。对一个公司领导人来说,坚持自己的信念是非常重要。公司领导人是带着使命感要为公司创造利润,同时也要完成某种社会价值的。假如一个公司领导人头脑中光想的是利润,那么他不会成功的。一个有信念的公司领导人只有为社会创造财富,为自己的国家发展做出贡献时,才能真正成功。"

在那段时间里,不管多困难。麦克纳马依然坚持自己的信念继续走了下去,坚韧执着的麦克纳马成功了。也正是麦克纳马坚持"安全第一"的理念,从而为福特汽车创造巨大的收益。

这个案例告诉我们:要塑造一家有灵魂的公司,首先是公司领导人是有信念、有追求的人。公司的灵魂就是来源于领导人的信念和追求,要将它提炼为公司的理念。这是很十分痛苦的过程,但一旦形成,她是很有生命力的。这就是信念的力量。

信念就是一种深层的内在激励,没有任何一种激励能够替代它。当一个人经常生活在自我贬抑的混沌之中,如果他忽然有了自信、热情以及神圣的历史感,那么,他就感觉到光明和热量。此时,他已经开始减退并超越了自我的私念,乐意为了一个更伟大的、超越个人的事业去奉献。

行动指南

成功者之所以成功,就在于他们有坚定的信念,成功的军事家是如此,成功的企业家也是如此！领导者是企业信念的支撑,如果领导者没有强大的信念,团队就不会有信念;一个没有信念的领导者带领一个没有信念的团队,结果不言而喻,更谈不上做事的态度。

牢 记 使 命

在西点，每个学员都牢记"不要问国家给了你什么，问问你自己，你给了国家什么"的使命。

——西点毕业生、可口可乐总裁　罗伯特·伍德鲁夫

在竞争日益剧烈的时代，要想让自己的企业不断成长，由小变大、由大变强，要让企业知名度和影响力与日俱增，需要领导者看清自己的使命，并具有超人的智慧。实际上，**公司领导者的使命感贯穿于企业的整个发展过程中，对企业的发展非常重要。**

使命就是一种志向，就是一种追求。使命用一名话形象地来说——是上帝派我来做这件事的。它彰显了一个公司的觉悟与境界。使命感并非外部强加的而是发自内心的，它是一个公司的灵魂。如果一个人有什么样的精神，则这个人就有什么样的行为，就能创造怎样的事业。这些东西在人们看来是很重要的成功因素，与组织的使命均有着紧密的联系。

正因为有了对自身使命的清醒认识，西点毕业生就拥有了别人无法企及的韧性。

在罗伯特·伍德鲁夫看来，西点告诉了他生活的全部意义。"我明白了，我不是仅仅来读书的。我时刻准备着服务，我想这是我的生活动力。"

伍德鲁夫说，使命感是造就成功的关键因素。一个企业领导如果没有使命感，就是一个不称职的领导者，不能很好地完成自己的工作，也不能取得事业上的成功，更不能实现企业发展。

伍德鲁夫认为，**作为领导者，应当具有使命感，阐明公司存在的价值，确立公司的发展目标。**

身为可口可乐总裁，罗伯特·伍德鲁夫企业的使命是"要让全世界的人都能喝上可口可乐"。

要打开国外市场谈何容易，每个国家都有自己的饮料，且占据着国内的市场大量份额。再者，各国的人民都有不同的习惯。虽然困难重重，但在企业的使命感召下，伍德鲁夫最后还是成功了。可口可乐成功地打进外国市场，很快占有了市场，受到大家的欢迎。

在一份珍贵的可口可乐公司使命文件中，记录着可口可乐的经营秘诀：

"以可口可乐为核心，我们所拥有的是一个具有卓越品牌与服务的世界性系统。凭借这一系统，我们的授权商与生意伙伴可把'满意'与'价值'传递给顾客与消费者。这么做，我们会强化在全球的'品牌资产'。我们的目标很简单，就是要不断扩张我们的全球系统，以接触不断增加的消费者……让他们能时时享受我们的品牌及产品。"

20世纪80年代，罗伯特·伍德鲁夫在可口可乐公司的一份报告中指出："展望21世纪，我们的目标是继续赢得我们能够获得的成功。可口可乐目前似乎已经成为不少跨国公司的营销典范。我想强调这样一个道理，即我们越能让可口可乐出现在每一个角落，我们的事业就越能成功。"

《商业周刊》发表评论："'让全世界的人都喝可口可乐'，历任可口可乐的总裁们都把这句话视为圭臬，坚定不移地展开全球营销活动。在这一过程中，不时地闪烁出营销智慧的光芒。"

强烈的使命感会给企业家一种舍我其谁的勇气，赴汤蹈火也在所不惜的献身精神。

使命感来自领导者的坚持，只有坚持使命，才能产生一种履行使命的精神动力。使命能带来人们做事情的方向和动力，在确定使命以后，必须要建立一种使命感，使企业决策、企业经营战略等均围绕着使命展开，这样的企业会很成功。而如果迷失了方向，企业就会在毫无作为中耗尽自己的精力，走上一条不归之路。

使命感将指引企业往何处前进，而价值观所描述的是引领企业到达目的地的行动。一个企业，有什么样的企业文化就有什么样的使命感和价值观，而企业的使命感和价值观在一定意义上也即是员工的使命感和价值观。对于在企业中灌输使命感也是至关重要的。

强生公司把理想放在第一位，利润放在第二位；先强调理想的重要性，之后再强调利润的重要性。罗伯特·约翰逊在1886年创建强生公司时是这样做的。他当时为公司制定的目标是"减轻痛苦和疾病"。到1908年，他已把这个目标发展成一套经营思想，这种思想把服务于顾客和关心雇员放在第一位，把股东收益放在第二位。

1935年，小罗伯特·约翰逊在一种所谓的"开明的利己主义"的观点中重新表达了这套思想。他认为："顾客的利益居第一位……雇员和管理人员的利益居第二位，而……股东的利益居第三位。"后来（1943年），他又把社区利益加了进去（也排在股东利益之前），并在文件《我们的信条》中对强生公司的经营思想进行了整理。他在文件中写道："在前面的几种利益都满足之后，股东才能获得公平的收益。"自1943年以来，强生公司一直对其信条的措词进行定期审核，并做轻微的改动，但是其基本思想——公司义务从顾客到股东依次排列；明确强调公平收益，而不是最大收益——始终没有变化。

20世纪80年代初，强生公司总裁吉姆·伯克在担任总裁职务期间，大约花40%的时间向全公司传达《我们的信条》描述了该信条与利润之间的相互关系：

我们所有管理部门的日常工作都是围绕利润进行的。这是企业经营过程的一部分。然而在不同的企业中，人们常常这样认为："我们最好这样做，因为如果不这样做，短期数字也会显示出来。"这份文件（《我们的信条》）使他们可以这样说："等一等。我没必要这样做。"管理部门对我说过，他们喜欢我根据这一套原则行事，所以我不会再像以前那样做。

哈佛大学商学院对强生公司进行了全方位调查，为的是弄清它怎样把信条转变成实际行动。强生公司不但把它的信条用于组织结构、内部计划程序、补偿制度和战略商业决策中，并且还在危机时期把它作为行动的指南。强生公司把我们的信条这套思想灌输给决策者和雇员，体现了信徒式文化的基本特征。

企业的使命的具体化、形象化、清晰化、生动化，就是组织的愿景，鼓舞企业前进的巨大动力源泉。

使命就是引导企业前进的一面旗帜，并为企业的发展指明了方向。对企业来说，明确的方向比具体的目标更为重要。世界上很多卓越的企业，通常不会轻易地改变企业发展的方向，而是具体目标随时调整。因为卓越的企业有明确的企业使命引导着企业前进，所以它们并不在乎一时的得失。而那些失败的企业，通常是眼前目标很大，而公司长远的发展方向不断地调整。它们没有清晰的企业使命来引导方向，它们只是市场的投机者，必然走不远。

行 动 指 南

企业的领军人物必须要具备很强的使命感。如果没有特别强烈的使命感作为动力的话，很多困难你根本无法克服。使命是前进的动力。

www.ingramcontent.com/pod-product-compliance
Lightning Source LLC
Chambersburg PA
CBHW061155240326
R18026400001B/R180264PG41519CBX00001B/1